墨香财经学术文库

石河子大学高层次人才科研启动项目（RCSX201747）研究成果
石河子大学人文社科中青年人才培育基金项目（RWSK16-Y02）研究成果
新疆维吾尔自治区普通高校人文社科重点研究基地石河子大学公司治理与
管理创新研究中心招标项目（XJEDU020214C03）研究成果

U0674515

Research on the Influence Factors
and the Evaluation
of Family Firm Charity Donation

家族企业慈善捐赠的影响因素及效果评价研究

刘云芬 ◎ 著

东北财经大学出版社
Dongbei University of Finance & Economics Press

大连

图书在版编目（CIP）数据

家族企业慈善捐赠的影响因素及效果评价研究 / 刘云芬著. 一大连：东北财经
大学出版社，2018.1

（墨香财经学术文库）

ISBN 978-7-5654-2992-7

Ⅰ．家… Ⅱ．刘… Ⅲ．家庭企业-慈善事业-研究-中国 Ⅳ．F279.245

中国版本图书馆CIP数据核字（2017）第291325号

东北财经大学出版社出版发行

大连市黑石礁尖山街217号 邮政编码 116025

网 址：http://www.dufep.cn

读者信箱：dufep @ dufe.edu.cn

大连永盛印业有限公司印刷

幅面尺寸：170mm×240mm 字数：138千字 印张：9.75 插页：1

2018年1月第1版 2018年1月第1次印刷

责任编辑：石真珍 周 晗 责任校对：周 真

封面设计：冀贵收 版式设计：钟福建

定价：35.00元

教学支持 售后服务 联系电话：（0411）84710309

版权所有 侵权必究 举报电话：（0411）84710523

如有印装质量问题，请联系营销部：（0411）84710711

本专著

　　获得石河子大学高层次人才科研启动项目"家族企业慈善捐赠的社会效应研究"（RCSX201747）、石河子大学人文社科中青年人才培育基金项目"兵团中小企业技术创新路径研究"（RWSK16-Y02）和新疆维吾尔自治区普通高校人文社科重点研究基地石河子大学公司治理与管理创新研究中心招标项目"基于企业家社会资本的新疆家族企业代际传承研究"（XJEDU020214C03）的资助。

序

悉闻我的博士弟子刘云芬的博士论文即将修改出书，作为她的导师我感到非常高兴。刘云芬在对外经济贸易大学读博期间勤奋学习、刻苦钻研，特别在博士论文的写作过程中倾注了巨大的精力，在论文评审和答辩时得到了业内专家和同行的好评。

刘云芬的这部学术新著，是在她的博士论文基础上进一步扩展和深化而成的，她的博士论文之所以能最终成书出版，有以下三方面值得一提：

第一，丰富和补充了企业慈善捐赠的影响因素内容。已有研究对企业慈善捐赠行为的分析主要是从企业层面进行解释，该书则主要从家族层面探讨企业慈善捐赠的影响因素。

第二，更为清晰地阐述了家族涉入与企业慈善捐赠的关系。现有文献主要比较家族企业和非家族企业在企业慈善捐赠方面的差异，该书从家族企业的异质性角度，创造性地运用象限分析法，探讨不同类型家族企业家族涉入与企业慈善捐赠的关系。

第三，运用 Scott 制度理论系统地考察了制度环境对家族涉入与企业慈善捐赠关系的调节作用。该书从制度环境的视角系统地研究了规制制度、规范制度、认知制度影响家族涉入与企业慈善捐赠关系的内在机制，为进一步深入分析家族企业慈善捐赠影响因素提供了不同的研究视角。

对外经济贸易大学商学院教授、博士生导师

范黎波

2017 年 9 月

前言

    企业慈善捐赠是企业社会责任的重要组成部分，在促进社会公平、健全社会福利等方面的作用日益突出。党的十八大报告提出，要不断健全社会救助体系，完善社会福利制度，促进慈善事业的发展。党中央关于支持慈善事业的一系列决定，为做好慈善工作提供了强大的思想保证，这也引起了学术界和实践界对企业慈善捐赠行为的广泛关注。

    《中国慈善发展报告》显示，民营企业已成为慈善事业的主力军。越来越多的研究调查发现，更多的民营企业尤其是家族企业会进行慈善捐赠，履行企业社会责任，家族企业普遍具有社会责任意识。本研究以家族企业的慈善捐赠为研究对象，从家族涉入的视角分析企业慈善捐赠的影响因素和效果评价，试图探索家族涉入对企业慈善捐赠的内部环境和外部环境的影响因素，以及家族慈善捐赠与企业价值通过企业融资中介传导机制产生的间接影响。具体来说，本书主要围绕以下三个问题展开深入研究：（1）在社会情感财富框架下，研究家族涉入和企业慈善捐赠的关系，揭示不同股权制衡度和冗余资源的家族企业慈善捐赠的家族动机。（2）从制度理论的视角，研究不同类型的规制制度、规范制度以及认知制度环境下，家族涉入和慈善捐赠的关系，进一步分析家族企业慈善捐赠的制度影响因素。（3）根据 Structure-Conduct-Performance 分析模型可知，市场结构决定企业在市场中的行为，由此，家族企业的慈善捐赠行为受企业内外部环境影响，那么这种行为对企业绩效（价值）产生什么影响？换句话说，本书研究家族企业的慈善捐赠与企业价值的关系。

首先，本书针对中国家族企业的特点，基于社会情感财富视角，探析家族涉入对企业慈善捐赠的影响及股权制衡度、冗余资源对家族涉入与企业慈善捐赠关系的调节作用，并搜集国泰安数据库和锐思金融数据库的上市家族企业的二手数据，运用 Logit 和 Tobit 回归分析方法对研究假设进行实证检验。研究结果表明：（1）家族涉入与企业慈善捐赠基本呈正相关关系，家族涉入中的两个变量（家族所有权比例和家族控制持续时间）与企业慈善捐赠呈显著正相关关系。（2）股权制衡度、冗余资源与家族企业慈善捐赠之间呈显著正相关关系。（3）股权制衡度正向调节家族涉入与企业慈善捐赠的关系。（4）冗余资源正向调节家族所有权比例与企业慈善捐赠的关系，冗余资源正向调节家族控制持续时间与企业慈善捐赠的关系。不同股权制衡度和冗余资源的家族企业，家族涉入对企业慈善捐赠的影响是不同的。

其次，本书基于 Scott 的制度理论视角，深入分析制度环境对家族涉入与企业慈善捐赠关系的调节效应，采用上市家族企业二手数据进行实证。研究结果表明：（1）规制制度正向调节家族涉入与企业慈善捐赠关系的研究假设部分得到验证，即规制制度正向调节家族所有权比例与企业慈善捐赠的关系，正向调节家族成员进入董事会比例与企业慈善捐赠的关系。（2）规范制度正向调节家族涉入与企业慈善捐赠关系的研究假设部分得到验证，即规范制度正向调节家族成员进入董事会比例与企业慈善捐赠的关系。（3）认知制度正向调节家族涉入与企业慈善捐赠关系的研究假设部分得到验证，即认知制度正向调节家族所有权比例与企业慈善捐赠的关系，正向调节家族控制持续时间与企业慈善捐赠的关系。

最后，对家族企业慈善捐赠的效果进行评价，引入中介变量揭示家族企业慈善捐赠与企业价值的关系。家族企业慈善捐赠—企业融资、政府补助—企业价值的中介过程，实证结果支持了大部分研究假设。具体而言：（1）家族企业慈善捐赠与企业价值呈显著正相关关系。（2）家族企业慈善捐赠与债务融资呈正相关关系。（3）家族企业慈善捐赠通过债务融资对企业价值产生间接影响。

　　本书的研究结果显示，家族涉入所包括的社会情感财富对促进家族企业慈善捐赠有积极作用，这种作用受家族企业内部环境和外部环境的影响，同时，家族企业慈善捐赠会对企业价值有显著影响，并通过中介变量产生间接影响。

刘云芬

2017 年 9 月

目录

第1章 绪论

1.1 问题的提出

1.1.1 现实背景

伴随着中国改革开放的不断深入，家族企业在短短的 30 年间，实现了从无到有、由小变大、由弱而强的巨大跨越，已成为中国国民经济持续增长、发展方式升级转变和经济国际化的强劲动力（程继隆，2011）。不论是在国民生产总值方面还是就业领域，家族企业对整个社会经济的贡献都是被世界所认可的（Victor，2002）。在经济高度发达的美国，有近 95% 的企业由家族控制（Shanker，Astrachan，1996）；英国、意大利和芬兰等欧洲国家的家族企业比例也在 60% 以上，家族企业在经济发展和解决失业等方面起到了举足轻重的作用。在中国，家族企业同样做出了显著贡献。由此，我们推断，在未来的经济发展中，中国家族企业必将长期存在并成为推动国民经济发展的中坚力量。

然而，国内有关民营企业尤其是家族企业的各种污名（Stigma）现象层出不穷，比如关于民营企业污染环境、拖欠工资及食品安全等的负面报道，不断在大众媒体中出现，同时，"富二代"的不道德行径频频被曝出，社会公众认为民营企业只关注自身利益，缺乏企业公民意识和社会责任。这一系列问题的出现，使民营企业尤其是占主力军的家族企业成了众矢之的，社会各界纷纷将矛头指向了家族企业。有学者认为，家族企业是高度"利己主义"，仅强调保护家族自身的利益（Morck & Yeung，2004），当家族利益和企业利益发生冲突时，家族所有者或管理者会优先考虑整个家族的利益。甚至有观点认为，家族企业追求的是狭隘的家族利益，往往以牺牲非家族雇员的利益和社会福利为代价，不会主动为社会公众奉献资源和力量。爱德华·班菲尔德（Edward C. Banfield）在其著作《落后社会的道德根据》一书中总结了"无道德家庭主义"（Amoral Familism）的社会形态，他认为家族行为是只顾及自己小家庭的利益，甚至损害他人或整个社会的利益。因此，"无道德家庭主义"会导致家族企业通过寻租等活动破坏公共制度来保护自身的家族财富。

但是，在经济全球化的推动下，企业承担社会责任已成为一种不可逆转的国际潮流。企业社会责任最初就是以慈善捐赠的形式出现的（李领臣，2007），因此，慈善捐赠是企业承担社会责任的重要组成部分，必将受到社会各界的普遍关注（陈凌，2014）。在中国，企业界尤其是民营企业逐渐成为慈善事业的重要力量。根据《中国慈善发展报告（2010—2013）》显示，从 2007 年以来，民营企业的捐赠数额一直占据企业捐赠数额的一半以上。如表 1-1 所示，2009—2012 年四年间，民营企业一直是中国慈善捐赠的主力军。2010 年和 2011 年两年，民营企业慈善捐赠额占企业总捐赠额都超过 64%。2013 年《中国家族企业社会责任报告》显示，在 2007—2011 年里，在慈善捐赠方面，家族企业的比重明显高于非家族私营企业，这也说明家族企业在积极履行应尽的社会责任。

表 1-1   2009—2012 年国有企业和民营企业捐赠额

	2009 年		2010 年		2011 年		2012 年	
	捐赠额 （亿元）	占比 （%）	捐赠额 （亿元）	占比 （%）	捐赠额 （亿元）	占比 （%）	捐赠额 （亿元）	占比 （%）
国有企业	100	22.09	130.6	21.84	112.55	25.83	100	26.94
民营企业	252.7	55.82	386	64.55	279.73	64.19	275.06	57.98

数据来源　中民慈善捐助信息中心.

自古以来，家族企业就乐善好施。《史记·货殖列传》记载，著名的陶朱公范蠡"十九年之中，三致千金再分散与贫交疏昆弟"，司马迁称赞他"此所谓富好行其德者也"。2012 年胡润研究院发布的《2012 胡润慈善榜》显示，家族企业除了在社会公益、教育和环保等领域进行捐赠，部分家族企业还成立了家族慈善基金会。如福耀玻璃，董事长曹德旺自 1983 年第一次捐赠至今，累计捐款超过 60 亿元，慈善捐赠总额已占到其家族企业财富的 67%，开创了以股票捐赠形式的中国基金会运作模式先河。另外，还有些家族企业已将企业社会责任渗透到企业战略规划中。以方太集团为例，方太集团在借鉴了国际先进的社会责任管理理念的同时，逐渐形成了具有方太特色的社会责任观。方太集团自 2006 年起推出了业界第一份社会责任报告，并坚持至今，在践行社会责任各个方面都有突出表现，荣获"2012 中国社会责任优秀企业奖"。这些优秀的家族企业成功树立了承担企业社会责任的榜样。越来越多的研究调查发现，企业履行社会责任对保护企业的声誉和树立良好形象非常重要。因此，积极履行社会责任是企业实行可持续发展的必然选择。

1.1.2　理论背景

理论界也出现了与前面的消极观点和论断完全不同的声音。学者 Morck（2004）认为，家族企业缺乏社会责任的观点不完全正确，通常情况下，家族企业在履行社会责任方面要优于非家族企业。Dyer 和 Whetten（2006）通过对标准普尔上市公司数据的实证研究发现，家族企业不会做出有损企业形象的行为，家族企业很注重家族声誉，一般会更主动地承担社会责任。近些年，更多学者关注家族企业的慈善捐赠行为，Giovanna（2014）基于管家理论和社会、声誉资本的角度，以意大利 130 家企业为样本，分析中小型家族企业中涉入所有权和管理权与企业慈善捐赠行为的关系，探析家族涉入对企业慈善捐赠的影响。实证结果显示，家族涉入（所有权）对企业慈善捐赠行为是有积极影响的，而家族涉入（管理权）会弱化家族涉入（所有权）和企业慈善捐赠行为的正向关系。Dou（2014）对 2 821 家中国民营企业问卷调查数据进行了实证分析，得出结论，家族涉入程度与慈善捐赠是正向关系，这都显示了越来越多的家族企业以慈善捐赠方式履行企业社会责任。

家族企业积极参与慈善捐赠并主动承担企业社会责任的良好表现是对当前家族企业污名化最好的佐证。据调查，家族企业要比普通企业更重视维护自身形象和社会责任。因为每个家族企业都希望长期延续，而持续发展离不开责任感。家族企业创立者特别重视家族文化及价值观的传承和延续，因此，家族慈善如今已经成为很多名门望族联系家族情感和培养道德准则的纽带。

那么，到底是什么促使家族企业履行慈善捐赠的社会责任呢？国内外有关企业慈善捐赠动机的研究非常丰富（Zhang et al.，2010）。总结一下主要有以下四种观点：战略动机、利他主义、政治和制度压力、管理效用（Zhang et al.，2010；高勇强等，2012）。第一种观点是 Porter 和 Kramer 等人在 2002 年提出的战略性公益慈善捐赠。他们认为企业通过慈善捐赠行为来改善其竞争环境，提升企业的战略地位，以此获得企业的声誉，促进企业的长期发展（Porter & Kramer，2002；Godfrey，2005）；利他主义观点认为，企业参与慈善捐赠是企业实践良好公民责任、无私奉献行为的体现（Campbell et al.，1999）；政治和制度压力的观点认为企业利用慈善捐赠向政府寻租，建立或维持政治关系（Hagan & Harvey，2000；贾明等，2010），实现增加企业收益的目的；管理效用观点认为企业的管理者通过慈善捐赠来提升自身的知名度和地位等（Galaskiewicz，1997）。

上述研究丰富了企业慈善捐赠行为的内容。众所周知，中国民营企业普遍采用家族所有形式，家族企业的治理结构大部分是家族化管理

（储小平，2000），由于家族化管理的因素，家族企业的慈善捐赠行为背后就有深层次的逻辑和机制。因此，家族企业慈善捐赠行为的动机受到学者们的更多关注。家族是一个复杂的社会系统，不是完全理性的经济人，所以，家族企业并不是仅以利润最大化为目标，还会对非经济效用表现出强烈偏好（陈凌，2014），为了更好地解释非经济效用，Gomez-Mejia 等（2007）提出了"社会情感财富"（Socio-emotional Wealth，SEW）理论框架。而社会情感财富是家族企业特有的，深嵌在家族所有者心中（Berrone et al.，2010），家族企业在决策行为过程中必会受其家族社会情感财富的影响。这种影响会使家族企业在慈善捐赠行为决策过程中有一定的倾向性，在中国家族企业的慈善捐赠还处于起步阶段，家族企业具有异质性，在股权制衡度和冗余资源不同的家族企业，其慈善捐赠行为背后深层次的逻辑需要进一步探析。

同时，家族企业的行为决策和制度环境的变化是密不可分的，因此，制度理论能帮助我们更好地理解制度环境对于家族企业的行为决策的约束。所有组织都嵌入在特定的宏观制度环境中，不同的规制环境、规范环境以及认知环境都会对企业行为决策产生显著影响（Campbell，Hollingsworth & Lindberg，1991）。家族企业的慈善捐赠行为本身是一种社会情境下的决策，必然会受到情境中制度环境的影响。不同的规制环境、规范环境和认知环境，会影响家族企业控股股东的慈善捐赠行为决策，分析制度环境在家族涉入和慈善捐赠关系中的作用对进一步分析家族企业慈善捐赠影响因素意义重大。

1.1.3 研究问题

综上所述，本书从家族企业内部家族层面和企业外部的制度环境变化两个方面，探讨家族企业参与慈善捐赠社会活动的影响因素，厘清家族企业履行慈善捐赠的影响因素及其效果评价。本书提出三大问题：（1）在社会情感财富框架下，研究家族涉入和企业慈善捐赠的关系，揭示不同股权制衡度和冗余资源的家族企业慈善捐赠的家族动机；（2）基于制度理论的视角，研究在不同类型的规制环境、规范环境以及认知环境下家族涉入和慈善捐赠的关系，进一步探析宏观制度环境对家族企业慈善捐赠的影响；（3）根据 Structure-Conduct-Performance 分析模型可知，市场结构决定企业在市场中的行为，由此，家族企业的慈善捐赠行为必然受企业内外部环境的影响，这种行为对企业绩效（价值）会产生什么影响？

1.1.4 研究意义

西方文献关于企业慈善捐赠行为的研究比较丰富，相比之下，中国对于慈善捐赠的研究才刚刚起步，因此，研究水平远远落后于发达国家。通过汇总和梳理国内相关文献，作者发现针对家族企业的慈善捐赠的研究较少，从家族层面和制度环境层面剖析家族企业慈善捐赠的影响因素的研究更少，因此，本书研究家族层面和制度环境层面及其对慈善捐赠行为所起的作用具有重要意义。

1.1.4.1 理论意义

家族涉入及其固有的社会情感财富对慈善捐赠有积极影响，我们认为家族企业慈善捐赠是有家族动机的，目的是提高家族的声誉和形象，保护家族成员的财富，使家族企业持续发展。这一预期结论具有广泛的社会影响，因为家族企业是国际上最主要的企业组织形式，对全球经济影响巨大（La Porta et al.，1999）。

从制度理论视角研究制度环境变化对家族企业的慈善捐赠行为的影响，是企业慈善捐赠动机研究的有益补充。现有研究主要分析政治关系与慈善捐赠行为之间的关系，本书从规制环境、规范环境和认知环境等方面研究其对家族企业慈善捐赠行为的影响，从新的视角补充了家族企业慈善捐赠影响因素的内容。

1.1.4.2 实践意义

1. 有利于正确评价家族企业

本书研究家族涉入与企业慈善捐赠行为，分析家族从保护社会情感财富的角度考虑履行慈善捐赠社会责任的合理性，与当前公众认为家族企业缺乏社会责任、为富不仁的观点形成鲜明对比，研究结论有利于社会公众重新审视家族企业，对家族企业进行客观公正的评价。

2. 揭示家族企业慈善捐赠的制度因素

本书研究制度环境变化对企业慈善捐赠行为的影响，要认识到慈善捐赠在经济转型时期的中国，既是体现企业社会责任的有效手段，也是家族企业构建政治关系应对制度环境变化的策略选择。

3. 促进家族企业慈善捐赠行为常态化

本书研究家族企业慈善捐赠的影响因素及效果评价，目的是实现家族企业慈善捐赠常态化，这就需要中央各级政府不断完善慈善捐赠制度，健全慈善捐赠机制，让慈善捐赠行为常态化有制度的土壤，保证家族企业慈善捐赠行为良性发展。

4. 奠定了家族企业传承发展的实践基础

将慈善与家族企业结合，在家族企业中设立一套有效的慈善捐赠行为运行机制，能有效地实现家族传承。在家族企业中设立家族慈善理事会，对于家族成员来说，不仅收获的是家族企业的财富，同时能增强家族凝聚力、提升家族价值观和家族文化。同时，慈善捐赠行为帮助家族成员培养正确的价值观，避免因成员争夺财产而导致家族财富受损，通过家族慈善建立一个长效的家族传承机制。

1.2 主要概念界定

1.2.1 社会情感财富

家族制企业常常被认为是一种落后的组织形式（Le Breton-Miller，2003）。家族财富高度集中，致使家族成员面临很高的风险。但即使是保守估计，在全球范围内家族企业占比也高达 65%～80%（Gersick et al.，1999）。Chrisman 等（2005）甚至认为，家族控制的企业在全球多数国家的经济发展中发挥着巨大作用。因此，我们不禁会问，既然家族企业比非家族企业更为保守，那为什么家族企业还会大量存在？行为代理模型（Behavioral Agency Model，BAM）认为，在"损失厌恶"（Loss Aversion）观点的基础上，家族企业决策者在不同的环境下，会倾向于保护家族现有财富，尽量避免损失的发生。因此，家族企业的业绩优于非家族企业的业绩。

家族企业研究主要借用其他学科领域的理论和框架体系，如委托-代理理论（Jensen，1986）、管家理论（Davis et al.，1997）、利益相关者理论（Donaldson & Preston，1995）、利他主义（Schulze et al.，2001；2003），这些理论在解释家族企业相关议题时，往往导致解释同一主题出现冲突或实证结果相互矛盾等问题（Berrone et al.，2012），究其原因是家族企业有其特殊的情境，不能完全满足这些理论的假设前提。因此，研究家族企业的学者们呼吁发展一个切合家族企业特有情境和特征的解释框架。由此，以 Gomez-Mejia 为代表的学者，针对家族企业的特殊性提出了社会情感财富（Socio-emotional Wealth，SEW）理论框架，在这个框架中，他们认为 SEW 是家族成员从家族利益出发所追求的非经济目标中得到的情感效用，企业的管理者或所有者在企业决策时会潜意识地保护或提升家族成员的 SEW，甚至以降低企业的经济效益为代价。他们进一步指出，家族成员的 SEW 的得失是家族企业决策的首要参照点。随后，SEW 框架成为分析家族企业的独特理论框架。

根据 Gomez-Mejia 等学者（2007）的观点，SEW 是指家族企业中的家族成员利用其特殊身份从企业中所获得的非经济效用，并拥有行使权力的能力，能满足家族内部成员的情感归属等需要，这样能提升家族价值观，长久保持家族控制，积累家族社会资本，以利他主义来满足和保护家族成员的情感需要。从内涵上看，SEW 包括的内容很宽泛，在结构上是多维的。因此，不少学者开始探究 SEW 的测量维度。Gomez-Mejia 等学者（2011）认为，SEW 包括情感、文化价值观和利他三个维度。首先，家族可以通过增加所有权控制企业，拥有控制权的家族企业会更关注家族的声誉和形象，将家族企业的发展和自身情感联系起来。其次，家族所有者会将自己的价值观注入到家族企业中，希望一代一代传承下去。最后，家族成员有增加家族财富的意愿，并努力实现。Berrone 等学者（2012）认为 Gomez-Mejia 等学者对 SEW 构成维度的研究不充分，基于已有研究文献的回顾，Berrone 等学者从家族控制和影响、家族成员对企业的认同、紧密的社会关系、情感依恋和跨代传承意愿等五个维度来研究 SEW。在现有文献中，SEW 被学者理解为家族从企业中获得的正面效用，是影响企业行为的正向因素，但不少学者对此分析框架提出质疑（朱沆，2012；Kellermanns，2012；Dou，2014）。Kellermanns（2012）认为 SEW 还存在"阴暗面"的可能。简单来说，SEW 也可能会给家族企业带来情感负担，窦军生的研究印证了这一观点。因此，研究 SEW 需要明确不同维度间的相互关系，针对不同维度的 SEW 会给家族带来不同的效应，进而会影响企业行为。

综合以上文献可知，Gomez-Mejia 等学者（2007）提出的家族涉入有利于家族所有者产生保护和提升 SEW 的意愿，因而会促使他们去影响企业战略决策的观点被广泛接受。现阶段，研究 SEW 更多采用的是替代测量的方法，即用家族涉入来间接指代 SEW 的保护意愿的存在。因此，本书在研究时也借鉴了 Gomez-Mejia 等学者的观点，并用替代测量方法来进行研究。

1.2.2 家族涉入

家族企业是家族和企业相互作用的独特组织形式（Chrisman，2005），也是家族涉入（Family Involvement）企业这种经济体的产物。因此，学者普遍认为家族涉入是家族企业的重要特征和判断标准（Chua et al.，1999）。然而，在家族企业研究领域，定义家族企业是学者们面临的首要难题（Handler，1989）。研究者从不同的角度对家族企业进行界定，如所有权、管理权、家族成员参与等，但至今尚未有一个权威定义得到广泛认可，因而，家族企业还没有一个可测量的和统一的标准（窦军生，贾生华，2004）。通过梳理文献，总结具有代表性的文献中对家族企业的定义如表 1-2 所示。

由表 1-2 可知，美国学者 Gersick（1999）在家族企业研究中对所有权非常重视。他提出的家族企业三环模式如图 1-1 所示，为理解家族企业是家族涉入的复杂社会系统提供了理论依据。三环模式是指家庭、企业和所有权构成的三个相互独立又相互交叉的家族企业系统。家族企业中的任何个体都被放置到这三个相互联系的子系统中的某一个区域。第一个区域是指家庭/家族成员；第二个区域是企业的出资人；第三个区域是企业的全部雇员；第四个区域是家族成员但不是公司雇员

表 1-2   已有研究对家族企业的部分代表性定义

文献来源	对家族企业的定义	涉及的维度
Donnely，1964	家族企业是指家庭中至少两代人同时参与企业的管理，两代人对家族政策、利益和目标等相互影响	家族传承家族愿景
Davis & Tagiuri，1985	两个或以上的家庭成员参与企业管理的企业	所有权、管理权
Ward，1987	企业传承给家庭中的下一代经营管理	家族传承
Handler，1989	家庭成员在董事会任职并参与管理决策	管理权
Gersick，1999	家庭拥有所有权和控股权的企业	家族所有权
潘必胜，1998	一个或数个紧密联系的家族拥有企业的所有权，并参与管理的企业	所有权、管理权
Anderson & Reeb，2003	家庭拥有所有权和管理权，创业企业家在位或其子女继任	所有权、管理权治理、传承
储小平，2004	家族成员对企业拥有所有权和控制权，是家/泛家族文化规则下运作的独特组织	所有权、管理权家族文化和关系

资料来源　作者整理相关文献整理所得.

（仅持有公司股权而不参与公司管理）；第五个区域是非家族成员的出资人，参与企业管理；第六个区域是参与企业管理的家族成员（仅参与公司管理，不持有公司股权）；第七个区域是拥有股权同时参与企业管理的家族成员（即持有股权，又有管理权）。三环模式明确了家族企业中家族成员或组织的职责和权利的界限。七个区域中有四个区域都与家族因素相关，所以，家族涉入是家族企业独一无二的特征。Chan 等学者（1999）认为家族涉入包括家族所有、家族管理和治理等方面。随后，Habbershon 和 Williiams（1999）率先将资源观的理论研究框架引入到家族企业研究中，认为家族企业中具有一种来自家族涉入与家族成员间互动的、独特的和协同的资源与能力。在此基础上，Chrisman 等（2005）用涉入法和本质法两大类别来界定家族企业。Chrisman 等（2012）进一步发现家族的本质其实是家族涉入和以家族为中心的非经济目标之间的部分中介。学者在整理家族企业文献时发现，家族涉入其实是一个多维的概念，主要标准包括所有权、治理、管理和跨代家族涉入。但文献对这些因素比例的确定及是否需要包括全部要素，并没有达成一致的标准。家族企业到底如何定义，如何避免二分法将企业定义为家族企业和非家族企业，对研究问题至关重要。由于家族企业具有异质性（Heterogeneity），家族企业与非家族企业的二分法隐藏了家族企业的涉入程度及类型（Chrisman et al.，2013），所以，学者们开始用家族涉入程度研究家族企业，能更好体现家族企业的异质性。目前，学者们测量家族涉入的指标包括家族所有权比例、家族成员参与管理及家族控制持续时间（Chrisman et al.，2012；Deephouse & Jaskiewicz，2013）。

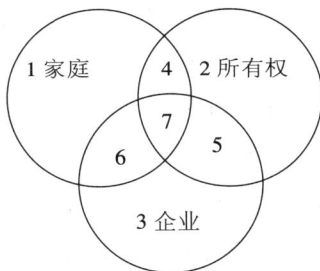

图 1-1　家族企业三环模式图

1.2.3　制度与制度环境

制度经济学派的学者认为，制度（Institution）是影响社会经济结构和企业行为决策的重要因素。Veblen（1923）认为制度是由人的主观心理而产生的思想和习惯。当前，新制度经济学（New Institutional Economics）和新组织制度主义（New Organizational Institutionalism）在经济学和组织科学等领域逐渐成为学者关注制度理论的两个主义流派。新制度经济学派的代表人物 North 认为，制度其实就是一种人为设计的制约组织或个体交互行为的约束条件，是社会的博弈规则。在 1990 年出版的《制度、制度变迁与经济绩效》一书中，North 将制度分为正式的规则和非正式的规则。经济学视角的制度理论的基础是交易成本，强调利润最大化，因此，新制度经济学派是以 North 的二分法制度理论为标志的。

以 Scott 为代表的新组织制度主义学派关注社会学和组织理论，认为制度的内容不仅涵盖法律、法规、程序、习俗等相关内容，还应包括"为人的行为提供'意义框架'的象征系统、认知模式和道德模板等"

（Scott，1995）。新组织制度主义学派的定义比新制度经济学派的概念外延更广，新组织制度主义的制度理论认为，组织是嵌入在制度环境中的，其所进行的经济活动和行为决策必然会受到制度的影响（Newman，2000），制度环境是组织行为决策的主要决定因素。Scott（1995）在综合社会学和组织理论等多学科对制度的定义基础上，进一步提出了制度三大支柱的理论模型，即规制制度（Regulative Pillar）、规范制度（Normative Pillar）和认知制度（Cognitive Pillar）。规制制度特别强调明确、外在的各种规制过程，集中于正式的制度系统和政府授权的保障机制。规范制度强调的是社会生活中的制度，包括了价值观和规范，确立了社会期望的行为。规范制度规定组织该如何完成目标，并规定了追求这些目标的适当方式（Scott，2008）。认知制度是新组织制度主义研究制度理论的最显著的特征，是外部环境刺激与个人机体反应的中介，是关于世界的、内化于个体的系列表象（Scott，2008）。

组织社会学视角的制度理论特别关注组织是否能在其所处环境中获得合法性。Suchman（1995）等学者提出，合法性是组织社会学视角的制度理论的基础，即由某个实体所进行的行动，在社会建构的规范、价值、信念和身份系统中，是有价值的、适当的假定。制度三大支柱都为合法性提供了一种支撑。规制制度强调遵守规则是合法性的基础，主要是以政府规制制度为主体的制度环境；规则制度强调评估合法性的较深层次的道德基础，主要是以产业标准等内容为主体的制度环境；认知制度强调通过遵守共同的情景界定、参考框架或被认可的角色模板等而获得合法性，主要是以人们对情景存在的感知为主体的制度环境。在此基础上，Scott（1995）清晰地界定了组织所处的制度环境，它是组织为了获得合法性和外界认可而必须遵守的规则。由此可见，在组织的制度环境中，并非是某一种单独的制度支柱在起作用，而是制度三大支柱共同组合起作用。

目前，Scott（1995）提出的制度三大支柱的理论模型已被战略研究者广泛运用于制度变量的测量中（吕源，2009；汪秀琼，2011）。根据研究目标的不同，制度变量的测量也有所不同，大体用两种方法进行测量：一种方法是构建制度测量指标，属于主观测量的范畴，涵盖了制度理论中的所有制度要素（潘镇，2006；汪秀琼，2011）。比如，规制制度涉及法律制度和微观经济制度各个方面；规范制度主要从价值观、市场-行业规范和关系网络角度考虑；认知制度包括了人类文化和心理等要素。另一种方法是用替代变量进行测量。例如，借用经济学对制度的测量，建立国家制度环境与微观企业的联系（邹国庆，倪昌红，2010）。还有学者采用《中国市场化指数报告》（樊纲、王小鲁等（2011））测量规制制度和规范制度（夏立军和陈信元，2007；王倩，2014）。这些学者认为樊纲等发展的法律环境和市场中介组织等指数比其他测量方法能更全面客观地反映各地的规制制度环境和规范制度环境。学者雷宇（2015）用公司慈善捐赠后的股票价格来测量公众的认可程度，即公众如何看待公司慈善捐赠行为，公众认可程度可以代表认知制度环境。因此，根据本书的研究目的，本书采用王倩（2014）和雷宇（2015）的替代变量测量制度环境中的规制制度、规范制度和认知制度。

1.3 研究目标和研究方法

1.3.1 研究目标

本书的第一个研究目标是，基于社会情感财富理论，通过分析家族涉入及其固有的社会情感财富对慈善捐赠的影响，揭示家族企业慈善捐赠社会责任行为的家族动机，为下文进一步聚焦制度环境的影响提供经验支持。

本书第二个研究目标是，从制度环境的角度出发，分析家族企业慈善捐赠的影响因素，系统探究不同规制制度环境、规范制度环境和认知制度环境在家族涉入与慈善捐赠行为关系中所起的调节机制，力求为揭示家族企业慈善捐赠行为的影响因素提供新的理论视角。本书分析了制度环境的影响，为明晰家族企业慈善捐赠的影响因素提供了具体的情境变量。

本书第三个研究目标是，通过分析家族企业慈善捐赠的效果评价，实现家族企业慈善捐赠的常态化，政府部门要健全慈善捐赠机制，完善民营企业慈善捐赠的法律和法规，保障家族企业慈善捐赠行为良性发展。通过研究将慈善捐赠和家族企业结合，研究出建立家族慈善理事会等可行性的运行机制，为实现家族有效传承奠定基础。

1.3.2 研究方法

本书综合运用了规范分析和实证研究相结合的方法。资料来源主要是学术性文献、传记与媒体报道、国泰安数据库等。概括来讲，研究方法主要包括文献研究、实证研究和统计分析。

1.3.2.1 文献研究

在明确了研究领域后，本书首先广泛收集、整理与家族企业、慈善捐赠和企业社会责任相关的中英文文献，主要对国外一流的影响因子在 2.5 以上的经济管理学期刊（比如 Journal of Management Studies（JMS），Journal of Business Venturing（JBV），Family Business Review（FBR），Entrepreneurship Theory and Practice（ETP），Administrative Science Quarterly（ASQ）等）中与这些领域直接或者间接相关的文献进行精读和提炼。同时也关注国内涉及这方面较多的期刊，比如《科研管理》《管理世界》《外国经济与管理》《经济研究》等权威期刊。作者长时间对国内外权威期刊的文献进行追踪阅读，了解了家族企业研究的基本主题、理论基础及最新研究趋势，也掌握了企业慈善捐赠、企业社会责任等主要理论和研究进展，为揭示家族企业慈善捐赠行为的关键影响因素奠定了理论依据，进而得出本书的基本理论框架。

1.3.2.2 实证研究

实证研究是目前经济学和管理学研究中普遍采用的定量化研究方法，主要运用规范研究方法对主要研究内容在理论上做出清晰界定、总结前人研究成果的基础上，概括出一些基本的研究假设，然后再根据已有研究成果和研究假设进行逻辑演绎提出理论模型，在此基础上进行研究设计，确定研究对象、收集相关数据和资料，进行统计分析，最后实证检验研究假设和论证理论模型中变量之间的关系。

本书采用的数据主要是沪深两市上市公司年报披露的二手数据，来源于国泰安数据库、锐思金融数据库和万德数据库。在技术方法上，本书将采用 Stata13.0 统计软件对二手数据进行分析，以期验证研究假设和理论模型的有效性。

1.3.2.3 统计分析

本书主要运用 Excel2010 对原始数据进行汇总和整理，之后用
Stata13.0 计量软件对数据进行处理和分析。在检验理论假设时，主要采
用变量描述性统计分析、变量间相关分析、多元回归等分析方法。由于
样本的选择性偏差问题、解释变量和被解释变量的相互作用会产生内生
性问题，通常采用的普通最小二乘法（OLS）和广义最小二乘法（GLS）
得到的估计系数可能是有偏的，因此，本书将采用被解释变量滞后一期
的方法解决可能产生的内生性问题。

1.3.3 技术路线

技术路线图如图 1-2 所示。

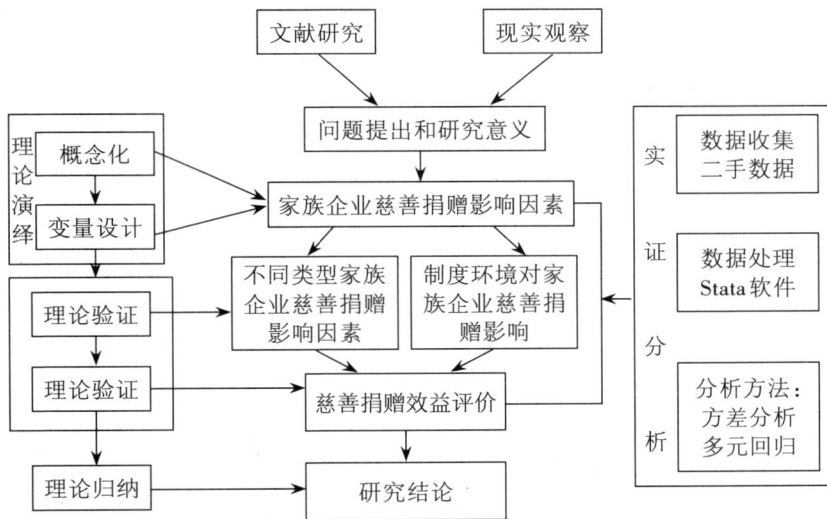

图 1-2 技术路线图

1.4 研究思路和内容安排

1.4.1 研究思路

本书试图回答三个问题：（1）在社会情感财富框架下，研究家族
涉入和企业慈善捐赠的关系，揭示不同股权制衡度和冗余资源的家族

企业慈善捐赠的家族动机；（2）基于制度理论的视角，研究在不同类型的规制制度、规范制度以及认知制度下家族涉入和慈善捐赠的关系，进一步分析家族企业慈善捐赠的影响因素；（3）根据 Structure-Conduct-Performance 分析模型可知，市场结构决定企业在市场中的行为，由此，家族企业的慈善捐赠行为必然受企业内外部环境的影响，这种行为对企业绩效（价值）会产生什么影响？换句话说，第三个研究问题是探讨家族企业的慈善捐赠和企业绩效（价值）之间的关系。

现有文献主要针对企业社会责任的动机及企业社会责任与财务绩效的关系展开大量的实证研究，然而研究结论不能清晰地回答家族企业慈善捐赠的相关问题。作者进一步对比前人研究的结论，发现学者们较少关注在不同情境下家族涉入对企业慈善捐赠的影响，为此，作者探讨情境因素对家族企业慈善捐赠可能产生的影响。

1.4.2　内容安排

本书的总体框架及主要内容如图 1-3 所示，具体内容安排如下：

第 1 章，绪论。首先，针对公众对家族企业缺乏社会责任等污名化现象，提出本书的研究意义和价值，概括出本书所要解决的具体问题；随后对社会情感财富、家族涉入、制度与制度环境等相关概念进行清晰界定，明确本书的核心概念；最后确定本书的研究目标和研究方法。

第 2 章，相关理论及文献综述。首先论述家族企业及企业慈善捐赠行为研究发展和趋势，然后对研究主题中的相关理论进行汇总，并进一步剖析企业慈善捐赠行为的动机和作用，最后是对现有文献的简要评价。

第 3 章，家族企业慈善捐赠的家族影响因素研究。首先从社会情感财富的视角分析家族涉入对企业慈善捐赠的影响，然后针对家族企业的异质性，在不同股权制衡度和冗余资源的情况下，家族涉入对企业慈善捐赠的影响会发生怎样的变化，最后总结出家族企业慈善捐赠的家族动机。

第 4 章，基于制度理论的视角，分析家族涉入与企业慈善捐赠的关系。首先，分析外部环境变化对家族企业慈善捐赠的影响，随后从制度

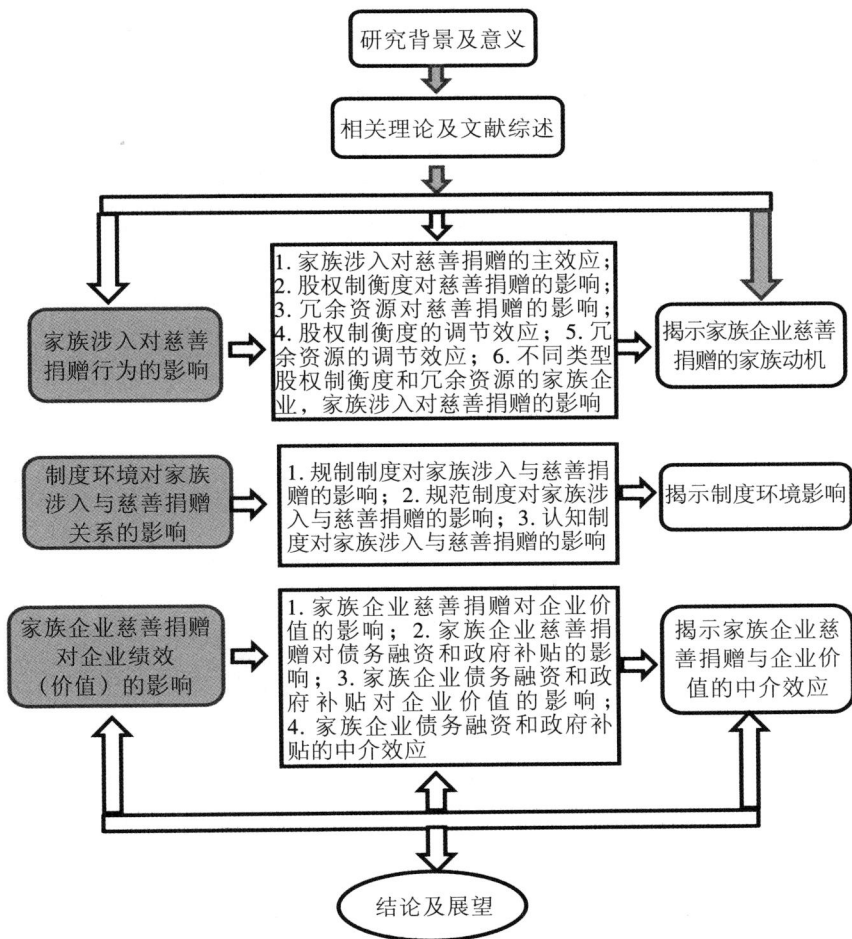

图 1-3　本书的总体框架图

三大支柱理论模型角度提出研究假设，进一步搜集中国上市家族企业数据对这些假设展开系统验证，最后对结果进行讨论。

第 5 章，家族企业慈善捐赠的效果评价。从企业社会责任的作用角度分析家族企业慈善捐赠行为和财务绩效的关系，以家族企业慈善捐赠后所获得的政府补贴和融资渠道为中介变量，提出研究假设，搜集上市家族企业的数据进行研究假设的验证，最后对结果进行讨论。

第 6 章，结论与展望。根据获得的研究结果，进一步提炼研究结论所隐含的理论意义和实践价值；最后，提出研究工作的未来展望。

第 2 章　文献回顾及相关理论

本章主要是综述相关研究主题的文献，通过汇总、梳理和总结现有研究内容，有利于清晰了解相关领域的研究脉络和发展趋势，进而找到现有研究的空白之处，为本书的研究找到新的突破口。理论文献回顾部分分为四个部分：首先论述家族企业及企业慈善捐赠行为研究发展和趋势，然后对研究主题中的相关理论进行汇总，并进一步剖析企业慈善捐赠行为的动机和作用，最后是对现有文献的简要评价。

2.1　家族企业与企业慈善捐赠行为研究

2.1.1　家族企业研究

家族企业是一种既古老又现代的企业组织形式。家族企业是古老的，世界上最长寿的家族企业——日本大阪寺庙建筑企业金刚组创立于公元 578 年，已经历了 1 400 多年了[①]。胡润百富榜 2006 年发

---

① 孙瑞. 金刚组：千年企业的生存密码［EB/OL］.［2011-08-12］. http://finance.if-eng.com/news/hqcj/20110812/4387969.shtml.

布古老家族企业排名显示，不少全球家族企业的历史都长达 200 多年。同时，家族企业是现代的，它遍布于世界的各个行业中。家族企业在全球经济发展中一直扮演着重要的角色。Gersick 等（1997）指出，即便是最保守的统计，在全球企业中，家族企业占企业总数的比例也高达 65%～80%。据学者 Kaye（1998）发表在《家族企业评论》（Family Business Review）上的文章显示，美国家族控股企业占比 54.5%，英国为 76%，澳大利亚为 75%，西班牙为 71%，意大利和瑞典超过 90%。在世界 500 强企业中，有 40% 的企业是家族企业[①]。表 2-1 列出世界部分国家和地区家族企业占登记注册公司的比例。

表 2-1　　　　　　世界部分国家和地区家族企业占比情况

国家（地区）	家族企业占登记注册公司的比例（%）
英国	76
瑞士	85
西班牙	71
澳大利亚	75
意大利	> 95
瑞典	> 90
中东	> 95

资料来源　作者根据相关资料整理.

　　凡是经济实力较强的国家，必然拥有一批实力雄厚的家族企业，如美国有沃尔玛、福特、雅诗兰黛、杜邦等规模大的家族企业，韩国有三星、现代等著名家族企业；中国内地有三一重工、格兰仕、碧桂园等知名家族企业。而在东亚国家，家族控制企业更为普遍。在美国，家族企业创造了美国国内生产总值（GDP）一半的财富；在德国，家族企业主要以中小规模为主要特征，其所创造的财富占国内生产总值（GDP）的 66%，解决了 75% 以上的就业问题；在其他欧洲国家，

　　①　HAPPY K.Landings：opportunity to fly again[J].Family Business Review，1998，11（3）：275-280.

家族企业也发挥着重要作用；在拉美，由家族建立和控制的大型企业在绝大多数产业都占据主导地位；在中国，家族企业也越来越受到人们的关注。2015 年《福布斯》发布的《中国家族企业调查报告》显示，截止到 2014 年 7 月，沪深两地交易所的上市企业有 2 586 家，民营家族企业占比近三成，在提供就业机会、创造财富等方面家族企业做出了巨大贡献。

虽然家族企业一直在经济的舞台上发挥着重要作用，但家族企业在学术界引起关注也就近几十年。国外学者主要针对"公司治理"、"成长与发展"、"创新"以及"继任管理"等现实问题围绕家族企业相关议题展开讨论，由此可见，家族企业已逐渐成为一个独立的学术领域。随着时间的推移，学术界越来越重视家族企业的发展。尤其是在 1988 年，专门探讨家族企业的《家族企业评论》（Family Business Review）创刊，标志着家族企业正式成为一个国际学术研究领域。随后《企业理论与实践》（Entrepreneurship Theory and Practice，ET&P）、《商业风险期刊》（Journal of Business Venturing，JBV）以及《小企业管理期刊》（Journal of Small Business Management，JSBM）等一些国外重要学术期刊上也越来越多地发表家族企业方面的论文，因此，学者对家族企业的研究和关注与日俱增。而在中国，家族企业研究始于 20 世纪 90 年代，国内学者开始陆续在学术期刊上发表家族企业相关文献。在中国，刊登家族企业论文的期刊基本上都集中于管理学和经济学方面，国内专门研究家族企业的重要学术期刊较少。魏志华等（2013）研究发现，国内有关家族企业的相关文献大多数都发表在非 CSSCI 来源期刊上，只有《管理世界》和《科研管理》等少量 CSSCI 来源期刊上有家族企业相关议题的论文。Stewart 和 Miner（2011）认为，某一研究领域有专门学术期刊说明该领域有很好的发展前景。目前，国内缺少专门的学术期刊研究家族企业，这就是说，中国家族企业研究要成为一个独立的研究领域任重而道远。

2.1.2　企业慈善捐赠行为研究

如何理解慈善捐赠，国外有关慈善捐赠的单词主要有"Philanthropy"

"Giving""Contribution""Charity""Donation""Charitable Giving"，它们
都有捐赠、慈善或赠予的意思。贝克尔（1995）从社会学角度对慈善捐
赠进行界定，他认为，如果将精力和物品转送给没有利益关系的个人或
组织，这种行为就称为"慈善"。不同的学者对慈善捐赠都下过定义，
现总结如表2-2所示。

表2-2 企业慈善捐赠的概念界定

文献	观点
财务会计标准委员会（1993）	企业将现金等其他资产自愿地、无条件地转移给另外一个实体的行为
贝克尔（1995）	慈善捐赠是一种社会行为，如果将时间和产品转移给没有利益关系的个人或组织，那么，这种行为就称为"慈善"
《关于企业对外捐赠财务管理的通知》（2003）	慈善捐赠是指企业自愿无偿将其有权处分的合法财产赠送给合法的受赠人用于与生产经营活动没有直接关系的公益事业的行为，包括公益性捐赠、救济性捐赠以及其他捐赠
陈瑞霞（2006）	社会成员在主动自愿基础上对需要帮助的群体进行的无偿救助行为
张向前（2006）	慈善活动的目的旨在提高人类福祉，增进社会公共利益，它包括提供各类帮助的所有助人活动
钟宏武（2007）	企业自愿无偿将财物赠送给与其没有直接利益关系的受赠者用于慈善公益事业的行为
田利华和陈晓东（2007）	企业慈善捐赠是指企业出于慈爱之心，通过无偿捐献或赠送其有权处分的合法财产给合法且没有直接利益关系的受赠对象，达到帮助受赠对象的目的

资料来源 作者根据相关资料整理.

综上所述，企业慈善捐赠是一种社会行为，是与企业社会责任紧密
联系的，是企业将一定的实物或资金捐赠给另一个实体的行为。从以上

定义可知，企业慈善捐赠有五个显著特征：第一，合法性，企业拥有企业慈善捐赠标的物的所有权，应该没有法律上的争议；第二，自愿性，企业慈善捐赠是企业的一种自愿行为；第三，无偿性，企业慈善捐赠是无条件的，捐赠者与受捐赠者不是价值交换行为，而是无明显直接利益交换关系；第四，客观公益性，企业慈善捐赠的目的是为了社会公益事业；第五，间接性，企业慈善捐赠一般是委托给慈善机构进行处理，慈善机构根据企业的意愿管理所捐赠的标的物，并接受企业和社会公众的监督。

国外慈善捐赠的历史悠久，追溯到中世纪，欧洲教会从那时起就开始资助穷人，投资教育。在 19 世纪末期，欧洲的工业文明推动了企业慈善捐赠事业的发展。到了 20 世纪，慈善捐赠获得了实质性的进展，西方国家创立了企业基金会，如洛克菲勒基金会、卡内基基金会等。此后，全球的企业家、富豪们开始效仿美国建立慈善基金会这种创新模式发展慈善事业（杨团，2004）。在亚洲的慈善事业中，不少企业家也发挥着重要作用。Atty. Felipe L.Gozon 是菲律宾最大的媒体网络之一——GMA 网络公司的董事长和 CEO[①]，他以家族名义创立了慈善基金会。中国香港的富豪李兆基创立了李兆基基金会。2010 年 9 月，盖茨基金会举办新闻发布会[②]，在发布会上，比尔·盖茨表示，将自己财产的大部分捐赠给慈善事业，沃伦·巴菲特承诺将 99% 的个人财富用于慈善事业。他们的举动推动了全球慈善事业的进一步发展。20 世纪 70 年代，学者们提出了企业公民概念，并逐渐得到学术界和实践界的认可。企业慈善捐赠在未来的企业战略发展中必将被广为关注。

在中国，慈善思想和行为源远流长。儒家思想中蕴含着"仁爱思想""诚信观"等慈善内涵。在传统伦理道德的哺育下，中国古代乐善好施、扶困济危的商人不胜枚举。春秋时期的范蠡就乐善好施。明清时期，徽商、晋商等以济贫助弱、好善而尚义，自觉投入到慈善捐

---

① 佚名. 亚洲家族慈善事业的崛起［EB/OL］. ［2017-10-17］. http://money.163.com/11/1110/17/7IH1HCP600253B0H.html.
② 佚名. 沃伦·巴菲特：将把 99% 个人财富用于慈善事业［EB/OL］. ［2017-10-17］. http://finance.qq.com/a/20100930/002970.htm.

赠活动中。近代中国深受帝国主义列强压迫，民族企业家积极投入到实业救国的浪潮中，如荣宗敬和荣德生的荣氏家族企业，以"为国塞漏卮，为民添衣食"为办厂宗旨。南洋兄弟烟草公司的创始人简玉阶也表示"实业救国"的愿望。从上述家族企业慈善捐赠的历史演变看，中国家族企业原本不是一个缺乏社会责任感的组织，其社会责任的意识和行为受到中国传统文化的影响。回顾中国企业慈善捐赠历史可知，近代之前慈善捐赠主要是以民间组织为主，这是现代慈善捐赠机构的雏形。改革开放以来，伴随着企业实力的日益增强和市场经济的蓬勃发展，民营企业逐渐成为中国慈善事业的主力军，如图2-1所示。

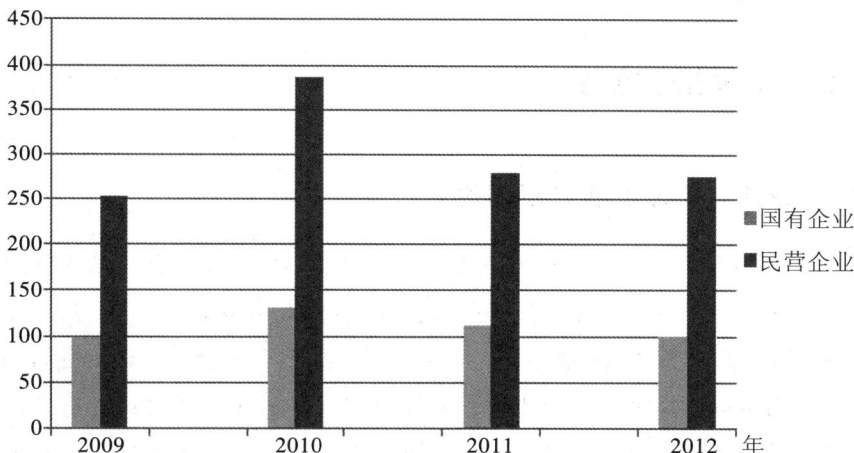

图 2-1　2009—2012 年企业捐赠情况（单位：亿元）

随着企业慈善捐赠行为的快速发展，学术界开始关注企业慈善捐赠领域，近年来相关文献越来越多。作者以"Corporate Charitable Giving or Corporate Philanthropy or Corporate Social Responsibility"为关键词在 Web of Science 数据库里进行检索，发现从 2008 年起期刊中关注企业慈善捐赠的文献开始增多，图 2-2 显示了截止到 2015 年 12 月国际期刊上发表的慈善捐赠及相关主题的文献数。从中可以看出，近些年里，该领域的研究热度剧增，2011—2015 年每年在 SSCI 收录的重要期刊中关于慈善捐赠的文献均发表了 700 多篇。

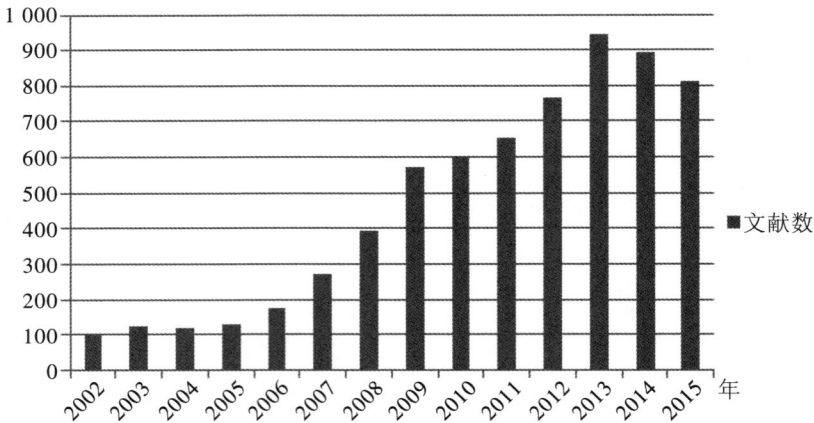

图 2-2　2002—2015 年国际期刊慈善捐赠及相关主题文献数（单位：篇）

2.2　相关理论研究

2.2.1　社会情感财富理论

长期以来，家族企业研究主要借用其他领域的理论展开，从而导致理论解释出现矛盾、实证结果不一致等问题（Berrone et al.，2012）。委托－代理理论能很好地解释家族企业的管理者堑壕（Managerial Entrenchment）效应，却无法解释家族管理者的低薪酬现象；而管家理论基于其假设可以解释家族 CEO 的低薪酬问题，却无法解释家族 CEO 的任期等相关问题。针对这些问题，家族企业研究者呼吁发展一个家族企业特有的或符合家族企业情境的理论框架来解释家族企业的行为决策问题。基于此，Gomez-Mejia 等（2007）有了重大突破，提出了社会情感财富（Socio-emotional Wealth，SEW）框架。社会情感财富（SEW）理论较好地解释了现有理论无法解决的矛盾问题。甚至一些学者认为 SEW 是家族企业与非家族企业区别的唯一显著特征（Gomez-Mejia et al.，2011）。随后，研究者大量运用该理论框架解释家族企业的相关议题（Gomez-Mejia et al.，2011；Berrone et al.，2012；Zellweger et al.，2012）。

2.2.1.1　社会情感财富（SEW）的起源

社会情感财富（SEW）理论是在行为代理模型（Behavioral Agency Model，BAM）的基础上发展起来的。BAM认为行为决策者的风险偏好根据实际情境的变化而变化，结合Wiseman和Gomez-Mejia的研究，行为代理模型是以"损失厌恶"（Loss Aversion）为主要参照点，依据企业具体情境，最终进行行为决策。当社会情感财富（SEW）理论运用到家族企业这种特殊情境时，家族企业的决策参照点是什么呢？Gomez-Mejia等（2007）认为，家族决策者以保护家族社会情感财富为核心，因为社会情感财富是家族企业的情感和文化的关键，为保护社会情感财富，家族决策者愿意承担经济效益方面的损失风险。Gomez-Mejia等（2007）以西班牙家族企业和非家族企业橄榄油厂是否加入合作社为例，进行了大规模的调查，发现家族控制橄榄油厂为保护家族社会情感财富而拒绝加入合作社，在经济利益和家族社会情感财富两者之间，家族企业会首先选择保护家族社会情感财富。因此，社会情感财富（SEW）理论为家族企业研究提供了一个全新视角，根据Gomez-Mejia等（2011）和Berrone等（2012）的观点，社会情感财富（SEW）理论会更全面地诠释家族企业的相关问题，比如，企业风险承担、战略选择、利益相关者以及企业社会责任等议题。

关于社会情感财富（SEW）的概念和测量在关键概念界定中已经阐述，在这里就不再赘述。下面详细论述社会情感财富（SEW）理论的应用。

2.2.1.2　社会情感财富（SEW）理论的应用

1. 家族企业风险承担

学者普遍认为，家族化管理在企业决策过程中会倾向于规避风险，可能的解释是，家族企业所有者把所拥有的大部分资产投资于家族企业，企业一旦发生意外，所有者的财富将遭遇损失（Mishra et al.，1999；McConaugh et al.，2007）。虽然这个观点在财务会计领域很普遍，但是经验证据与理论并不一致。而SEW模型认为，家族管理者或所有者在决策时可能是风险偏好的也可能是风险规避的，最终以SEW损益为参照点，也就是说，当他们认为经营风险是可控时会倾向于风险偏好，因为此时潜在的家族社会情感财富是损失了。可是，家族决策者是以保全家族社会情感财富为目标的，会规避失败的风险，因此，只有当家族企业确实面临生存危机时，企业生存才会成为家族企业决策者的首要参照点。

社会情感财富（SEW）模型得到了实证支持。Gomez-Mejia 等（2007）以西班牙 1 237 家家族企业和 549 家非家族企业的 44 年的数据进行分析，得出结论，当家族控制的橄榄油厂在参加合作组织（取得更好的绩效）与保持独立性（面临更大的失败风险）之间选择时，大部分家族企业为保护家族社会情感财富而选择后者，而当销售呈现明显下降时，家族控制企业才选择加入合作社。这个结果支持了社会情感财富（SEW）模型。Chrisman 等（2012）认为，当家族企业绩效达到或超过预期水平时，企业会降低研发投入，而当企业绩效下降时，家族企业才会增加研发投入，这一研究结论印证了社会情感财富（SEW）模型的预测。

2. 家族企业的战略选择

战略学者普遍认为，家族企业倾向于多元化和国际化战略，以此来降低企业风险，但是大多数家族企业很少进行多元化和国际化战略。Anderson 和 Reeb（2003b）用标准普尔工业企业的数据进行实证，发现家族涉入（所有权）与企业多元化负相关，最后他们却没有给出合理的理论解释。Gomez-Mejia 等（2010）运用家族企业和非家族企业的数据进行实证研究，得出的结论与 Anderson 和 Reeb（2003b）的结论是一致的，即家族企业很少进行多元化战略。Gomez-Mejia 等（2010）用社会情感财富（SEW）框架对得到的结论进行诠释。首先，企业的多元化和国际化战略要有外部资金支持，外部资金的来源可以通过债券融资和股票融资方式获得，而这两种融资方式都需要对资金使用进行监管，这将会削弱家族企业决策者的自由裁量权和权威；其次，企业进行多元化和国际化战略需要具有全球化视野的专业化人才，家族内管理者虽然具有一定的专业管理能力，但未必是具有全球观的人才，需要聘用职业经理人接管公司，但这样会增加信息不对称，造成家族管理者与非家族管理者的利益冲突，降低家族社会情感财富；最后，如果企业采用多元化战略，企业的产品会多样化或进入新市场，国际化战略会增加企业的国外利益相关者、机构投资者，这样就需要家族企业依靠家族外的人力资源市场和资金市场，可能会改变家族企业的组织形式，那么，家族成员利益会受到影响，因而会在企业决策时制造各种阻力影响决策者实行多元化和国际化战略。多元化和国际化战略都可能导致家族企业社会情感财富的损失。

3. 家族企业代理合约

前人研究表明，家族管理者和非家族管理者在代理合约方面的差异进一步证实了保护家族社会情感财富的重要作用。Gomez-Mejia 等（2001）通过对西班牙报业家族企业的调查发现，家族成员出任编辑的任期通常比非家族成员出任编辑的任期长，而且当企业绩效不佳时，家族决策者会解雇非家族成员出任的编辑，家族成员出任的编辑通常会因特殊关系而不承担责任，即"管理者堑壕"效应。代理合约保护家族成员出任的编辑，因为家族情感因素保护家族成员，从而导致了糟糕的企业绩效。

基于 SEW 的研究能够清楚阐述家族企业代理合约的本质。Cruz 等（2010）认为，家族管理者的薪酬通常低于非家族管理者。他们将代理合约分为控制合约（Controlling Contracts）和关爱合约（Caring Contracts）。Cruz 等（2010）调查发现，在家族企业中，所有者和管理者属于同一家族时，代理合约会考虑管理者的利益，这就证实了家族保护社会情感财富的意愿。由于家族管理者能够获得职位和心理上的安全（Gimeno et al., 1997），因此，他们更愿意接受较低的薪酬。

4. 家族企业的利益相关者关系

一般来说，家族企业的利益相关者有两大类：

一类是与家族关系密切的关键利益相关者，他们被称为内部利益相关者，如家族成员、家庭联盟等，家族所有者与家族成员或家庭联盟互动和交流能获得更大的企业自由裁量权，在决策过程中实现自己的目标（Mitchell, Agle et al., 1997）。已有研究更多地关注家族的内部利益相关者，Sharma, Chrisman 和 Chua（2001，2003）分析了家族企业在代价传承过程中现任者和继任者之间的利益相关者关系。他们认为，在整个传承过程中，家族的利益相关者对成功传承的影响很大，因为这些关键的利益相关者与家族有着密切的关系，并且有强烈的主人翁意识，从保护家族企业的社会情感财富视角分析，他们比家族外管理者更容易达成一致，为企业内部传承的成功奠定基础（Gomez-Mejia，Cruz，Berrone，2011）。

另一类是外部利益相关者。新的研究表明，外部利益相关者对家族企业社会情感财富保护也非常重要（Berrone，Gomez-Mejia，Gennama，Cruz，2011），解释如下：首先，形象和声誉不仅对公司重要，对家族也很重要（Dyer，Whetten，2006），因此，家族企业很注重声誉，以期获得更多的合法性。为此，他们经常对外宣传以树立良好形象，以免被指责是缺乏"企业公民"意识的公司，正因为这个原因，Zellweger 和 Nason（2008）指出，家族企业要更大范围地发展外部利益相关者，以树立家族企业的良好形象，保护家族财富。其次，家族企业要与外部利益相关者（如供应商和顾客）保持长期的合作关系，以积累社会资本和道德资本（Carney，2005）。在家族企业面临危机时，这些关系可以作为社会保险保护企业（Godfrey，2005）。最后，因为家族企业关注持续发展，重视能带来长期导向收益的因素，就要与外部利益相关者建立稳定合作关系，这对保护家族企业的社会情感财富非常有效。

5. 家族企业社会责任

虽然对家族企业社会责任的相关研究并不是很多，但已有研究显示，家族涉入（所有权）对企业社会绩效和道德行为有影响。学者们普遍认为，家族企业往往比非家族企业更多地履行社会责任和表现出良好的社会公民形象（Berrone et al.，2010；Dyer & Whetten，2006）。如 Dyer 和 Whetten（2006）以标准普尔公司的数据进行研究，发现家族企业比非家族企业会更担心被贴上缺乏企业社会责任的标签，家族企业为保护家族成员的社会情感财富，有时会追求非经济目标，以提升家族企业的声誉和形象。Berrone 等（2010）的研究证实了控制性家族企业比非控制性家族企业更多、更频繁地采取环保策略，以此来提高企业形象。已有研究多数从企业社会责任理论视角分析家族企业履行公民行为，但从社会情感财富视角分析企业社会责任的较少，家族企业履行企业社会责任的主要驱动力是保护和增强家族成员的社会情感财富。

2.2.2　制度理论

关于制度环境对组织决策和行为的影响，形成了以 North 为代表的新制度经济学（New Institutional Economics）和以 Scott 为代表的新组织制度主义（New Organizational Institutionalism）两大学派。新制度经济学开始于 20 世纪初期，其源于 Coase（1937）发表的论文《企业性质》，而到 20 世纪 80 年代，即 North（1990）将制度界定为正式约束和非正式约束后，该理论才得到广泛关注。新组织制度主义根植于社会学和组织理论，其关注的核心是组织形式和组织惯例，它比新制度经济学对制度的概念界定广泛，它认为制度是限定人们行为的理所当然的规则，其来自于规制、规范和认知范畴内，规制制度对应于正式约束，规范和认知制度对应于非正式约束（Scott，1995）。

2.2.2.1　经济学视角的制度理论：North（1990）的二分法制度理论
North（1990）在其著作《制 度、制 度 变 迁 和 经 济 绩 效》（Institution，Institutional Change and Economics Performance）中指出，制度是约束组织行为的博弈规则。制度是由正式制度（法律法规、规章制度、经济合约）和非正式制度（文化、规范、价值观、信仰）共同构成的，如图 2-3 所示。

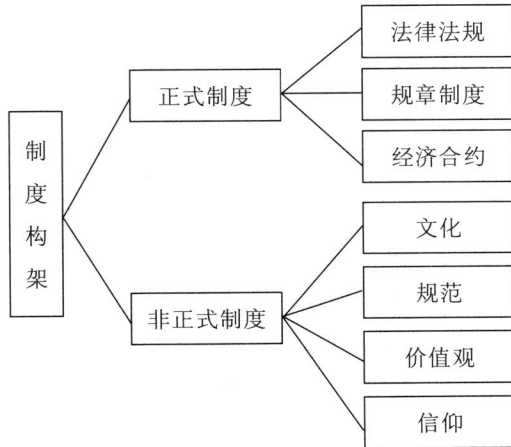

图 2-3　制度的二分法构架

North 认为，制度环境是导致经济组织效率差异的主要决定性因素，制度与经济规则共同界定了选择范围，并确定了交易和生产成本，进而界定了从事经济活动的获利程度和可行性（North，1991），其作用是在交易中构建次序，并降低不确定性。依据博弈论的观点，有效地执行新制定的制度有利于提高组织效率。就制度对企业的影响而言，在激烈的竞争背景下，制度和交易成本的研究主要是关注制度如何有效地解决经济组织中所出现的问题（Williamson，1975；1985）。

North 指出，正式制度是由统治机构自上而下设计出来的，强加于社会的制度。这里从三个方面研究正式制度对经济效率的影响：第一个方面，从正式制度的视角，讨论不同制度环境对市场效率的影响（Henize，2000；La Porta et al.，1998）；第二个方面，从交易成本理论视角，分析了在降低交易费用和如何克服市场不确定性上正式制度所发挥的作用；第三个方面，从代理理论的视角，讨论了不同制度如何影响公司治理效率（Estrin，2002）。非正式制度对经济效率的影响也有三个方面：第一个方面，探讨"弱"制度安排对跨国公司（Multinational Enterprise，MNE）在当地从事商业经营行为倾向的影响；第二个方面，探讨为降低转型经济体较高的交易成本，跨国公司（MNE）所采用的组织形式；第三个方面，从制度距离的视角，探讨跨国公司（MNE）在不同制度情境下投资决策的适应性（Xu & Shenkar）。

2.2.2.2　组织社会学视角：Scott（1995）的制度三大支柱理论

组织社会学视角的制度理论的核心思想是，组织嵌入在制度环境中，制度环境是组织行为决策的主要决定因素（DiMaggio and Powell，1993；Zncker，1986）。制度是符合合法性行为的社会规则和规范。Scott 进一步指出："制度包括为社会生活提供稳定性和意义的规制性、规范性和文化-认知性要素，以及相关的活动与资源。[①]"依据 Scott（1995）的定义，制度可以划分为三大支柱，即规制支柱（Regulative Pillar）、规范支柱（Normative Pillar）与认知支柱（Cognitive Pillar）。

下面重点阐述组织社会学视角的制度理论和 Scott（1995）的制度

---

① 斯科特. 制度与组织——思想观念与物质利益 [M]. 姚伟，王黎芳，译. 3 版. 北京：中国人民大学出版社，2010.

三大支柱理论。

1960 年以前，组织学主要以韦伯的理性化组织的理论模型为主，韦伯指出，一种"合法秩序"的出现过程，涉及有意识地制定那些支持"工具理性行动的理性规则系统"。后来，早期制度学派质疑韦伯的理性化组织的模式。制度学派的代表人物 Selznick 认为，组织是一个制度化的机构受所处制度环境的影响，通过与外部制度环境不断调整而适应的产物，Selznick 进一步明确了制度化的意义。在文献中 Selznick 指出，组织（Organization）是一种社会系统，其目标与程序往往达到一种确定的、充满了价值观的状态，即当一个组织长期被外在价值观和制度等影响时，这个过程就是制度化过程（Selznick，1949）。制度学派已走出了韦伯的理性化组织模式，并为组织研究提供了一个全新的视角和理论。

制度学派在组织研究方面有较大突破的学者是 Meyer 和 Rowan，他们在 1977 年从宏观的角度分析了组织和技术、制度环境的关系。组织不仅是技术需要的载体，也是制度环境发展的载体。组织要遵从制度环境中"合法性"的要求。制度环境中合法性（Legitimacy）机制的核心是，法律、法规、文化和观念等已被公众普遍认可，它们会约束公众的日常行为。

新制度经济学派另两个重要的人物是 DiMaggio 和 Powell，他们在 1983 年发表的文章《再论铁牢：组织领域的制度趋同与集体理性》中创造性地提出了三种同构（Isomorphism）机制：强制性同构（Coercive Isomorphism）、模仿性同构（Mimetic Isomorphism）、规范性同构（Normative Isomorphism）。

（1）强制性同构。组织会受到外界影响其功能的社会文化的正式和非正式压力，这些压力有些是强制性的。比如，组织改变形式很可能是因为政府的法令条文。例如，厂商为了遵守环保政策而要采取新的技术，组织要聘请平权法案的官员来保障少数群体的权益等，这些制度化的规范要求需要组织在适当的时间内进行调整以适应制度环境。

（2）模仿性同构。当组织的目标不明确、技术缺乏时，所面临的市场环境就不确定，组织会模仿同行业中成功企业的做法，这就是模仿性同构。模仿机制是降低市场不确定性，控制风险的理想模式。大部分组织具有同质性就是源自于模仿机制。组织尤其是新成立的组织更倾向于模仿已有的组织的行为方式和组织结构，因为这样做，使它更能获得成功和合法性。具体来说，模仿性同构有两种：竞争性模仿和制度性模仿。在不同的制度环境下，组织会采取不同的模仿方式。竞争性模仿是指组织会模仿在同一领域中优秀竞争对手的做法和经验。制度性模仿是指在某一共同领域内组织采用大家都普遍认可的模式或制度化形式，否则会受到同行的压力。

（3）规范性同构。社会规范是指社会诸成员共同的行为规则和标准。规范来自于专业化，依照 Larson 和 Collins 的观点，专业化是普遍的职业群体的工作方式和状态，这些控制着产品的生产者（Larson，1997；Collins，1979）。社会规范被认为是制度理论中的核心要素（Scott，1987；Oliver，1991）。组织决策行为若违反这些社会规范，就会受到相应的惩罚，比如说，失去社会优势资源，受到同行业内成员歧视，经济利益受到损害。因此，规范性同构在企业运营的网络中约束着企业的行为，规范企业行为符合合法性的要求。

新组织制度主义的制度理论比新制度经济学的制度理论的观点要广泛，因此，使制度的范围变得难以界定，不利于设计制度变量进行实证研究。Scott 在已有制度理论研究的基础上，提出了著名的制度三大支柱系统理论模型，即规制制度、规范制度和认知制度，这三大基础要素构成一个整体，构成了一个从有意识到无意识、从合法强制到顺其自然的连续过程。

制度会约束和调节组织行为，由此可知，制度的规制性层面很重要。规制制度的重要特征之一是特别强调明确、外在的各种管制过程——规则设置、监督和奖惩规定。规制制度的核心思想是，组织受制度环境影响，法律、法规等权威和奖惩制度直接影响组织是否生存，因此，组织会为生存而与法律、法规的强制力和政府的权威等保持一致性。规制制度对于组织或组织决策者具有使能作用，制度具有既强制又使能社会行为的功能（Scott，2008）。因此，一个具有较强规制制度环境的地区或国家一般是具有规范的法律法制体系和良好的政治体制的。

制度主要依赖规范层面，规范制度强调的是，社会生活中的制度的说明性、评价性和义务性的因素属于社会义务的范畴。规范制度是以共享的价值观和社会规范为基础的，确定了社会所期望的行为（Scott，1995；2001）。持有规范制度理念的学者们强调社会信念和规范通过他人的内化和运用而具有稳定的作用，因此，制度带有很强烈的道德权威的根源。在规范性和职业操守高的行业（如医疗、会计及证券等）中，规范的压力就很大。有时制度也可以是一种认证机构，凭借证书、资格认证等方式推广和扩散，使组织（处于同一制度环境）具有同构性（Isomorphism）。尽管资格认证不是通过国家法律等来强制实施的，但是在专业技术支配的领域，如医疗、会计等领域，缺乏相应的资格认证的组织必然会受到社会各界的质疑，也可能因为不具备合格的要求，而不会获得某些项目资源的补助和资助。制度化模仿（Mimetic）通常只针对一定的行业，成熟的行业会为在其背景下的企业提供更多的模仿机会，因此，这些行业中的新创立企业必然会更多地学习和模仿行业中优秀企业的做法。

认知制度构成了关于社会实在性质的共同理解，以及建构意义的认知框架，使我们理所当然地认为那些惯例是我们做这些事情的恰当方式。认知是外界环境刺激与个人机体反应的中介，是关于世界的、内在于个体的表象反映。认知、观念等因素会对组织决策者的行为产生压力，主要是因为，认知制度是具有相同社会经验、受过相同教育的人们所共有的心理框架，因此，当组织面临观念和文化制度变化时，必须要顺应当地文化，进而获得当地政府和民众对它的认可，获得企业生存的合法性。

2.3 企业慈善捐赠的动机和作用研究

本书研究的是家族企业慈善捐赠行为，主要集中关注以往学者对慈善捐赠的动机和作用的研究。

2.3.1 企业慈善捐赠行为动机的研究

任何行为背后都存在其合理的逻辑与动机，因此，企业履行慈善捐赠行为背后，也是决策者在一定合理动机下做出的博弈选择。从已有的文献来看，慈善捐赠行为的动机主要划分为四类：战略性动机、政治性动机、利他动机和管理效用动机（Zhang et al.，2010）。Porter（2003）在 Harvard Business Review 上发表的论文分析了企业慈善捐赠行为，他提出企业慈善捐赠行为可能在竞争环境中产生积极影响，因此，慈善捐赠行为有利于提升企业的竞争地位，同时，企业可以通过慈善捐赠行为达到广告宣传作用，塑造公司形象，产生无形资产，增加企业价值。Godfrey（2005）也论证了公司的慈善捐赠行为可以产生道德资本，从而使股东受益。除此之外，山立威等学者（2008）提出慈善捐赠行为还有公关作用。企业在面临形象受损时会选择采取慈善捐赠行为，公众会认为其具有"企业公民"意识，以此挽回其形象受损的损失，这就是所谓的"危机公关"战略。从经济学角度分析，企业从事慈善捐赠行为的动机在于最大化利益，但这里的利益并不是单指经济回报，而是指最大化政治收益。Neiheisel（1994）阐述企业慈善捐赠行为动机更多关注的是企业内外部的环境和政治氛围，这是企业慈善捐赠行为的政治动机理论基础。Hagan 和 Harvery（2000）提出了慈善捐赠寻租模型，通过慈善捐赠向政府寻租，达到增加政治利益的目的。国内学者贾明（2010）指出，企业慈善捐赠的推动因素是通过获得政治关联资源来增加企业的收益。利他动机是从社会学角度分析企业慈善捐赠行为，慈善捐赠是企业实践良好公民的责任，是不求回报的利他行为动机体现（Campbell et al.，1999）。企业履行慈善捐赠社会责任，可以帮助弱势群体，提高整个社会的福利水平（孔祥宇，2010）。管理效用动机是指企业管理者通过慈善捐赠来提升自身的知名度和社会地位，获取担任政府官员、政协委员等机会（Galaskiewicz，1997）。同时，Bernard（1997）认为，企业管理者的慈善捐赠决策仅仅是为了满足自身的特殊要求和偏好，而不是从股东利益角度出发。以上的慈善捐赠行为动机又可以分为纯粹为他人和社会、不求回报的利他动机（利他主义动机）；为企业和管理者自身发展的利己动机（政治性动机、管理效用动机），从企业战略角度出发考虑的战略互利动机（战略性动机）。

纵观国内外关于慈善捐赠行为动机的分析，可以看出，不同的研究者从不同的角度去分析，得到的结论也是不同的，有些动机之间是相互重叠的。因而，本书认为，现代企业处于复杂多变的市场环境中，单纯的利他动机不利于价值增值，而纯粹的利己动机显得过于片面，对企业的长远发展不利，在经济转型期，研究家族企业慈善捐赠行为，首先要明确其慈善捐赠行为动机，从战略互利动机角度考虑，通过利己与利他相结合，使企业实现社会效益和经济利益的共赢。

作者在整理文献过程中发现，有关家族涉入对企业慈善捐赠行为影响的研究较少，学者 Dyer 和 Whetten（2006）的实证研究以所有权与经营权相分离的现代公司为样本。目前中国家族企业仍处于两权合一的过渡时期，即绝大多数家族企业的所有权和经营权都掌握在家族成员手中（陈凌等，2011），企业决策行为也主要是企业所有者的家族做出的，所以，研究家族涉入和慈善捐赠行为的关系能揭示出其所追求的特殊目标的家族动机。

2.3.2 企业慈善捐赠行为作用的研究

行为作用是对行为发生后产生结果的描述，前面已对企业参与慈善捐赠行为的可能性动机进行了综述，这里还需要清楚企业慈善捐赠行为的积极作用有哪些。

目前关于企业慈善捐赠行为作用的理论研究不多，往往和慈善捐赠动机混为一谈。学者钟宏武（2007）对已有结论和成果进行了整理，他认为企业慈善捐赠行为有三大作用：合法保护作用、伤害保险作用、增值作用。合法保护作用是指，根据组织合法化理论，企业并不是一存在就拥有各种权利，甚至基本的生存权都是来自社会的。也就是说，如果企业经营活动符合社会目标和价值观，那么企业就会得到社会认可，进而具有合法性（Edwin & Dow，1978）；反之，会使企业受到政府、媒体等的谴责。为了避免负面报道带给企业的"伤害"，企业会以慈善捐赠行为的方式支付"保护费"，以维持企业合法性（Young & Burligame，1996）。在中国，家族企业似乎依然被人诟病，因此，为保护家族企业声誉，维护其合法性，家族企业慈善捐赠的合法保护作用更强。同时，在几次大的"国进民退"的浪潮中，家族企业不断寻求保护家族财富和利益的自保行为，经验证明，慈善捐赠行为是成本较低、行之有效的方式之一。伤害保险作用是从企业面对危机的角度来考虑的。在企业经营过程中难免会与利益相关者发生冲突，利益相关者会对企业采取制裁或报复行为，企业必然会受到损失，而企业慈善捐赠行为所带来的道德资本，如同保险一样，可以为企业可能受到的伤害给予补偿（Godfrey，2005）。家族企业非常重视家族的声誉和形象，为了保护家族社会情感财富，企业主会通过慈善捐赠行为积累道德资本，以备不时之需。增值作用是从 Porter 提出的战略性动机视角来考虑的。用竞争理论分析慈善捐赠行为有利于提升企业的竞争优势，会对企业价值产生直接或间接的增值作用。

分析慈善捐赠行为对企业的积极作用，目的是说明慈善捐赠行为对企业价值是有影响的。国内外学者试图通过理论和实证来解释两者之间的关系，但现阶段研究成果并不一致，两者之间的关系包括正相关关系、负相关关系和不相关关系，其中以正相关关系居多。

从资源依赖理论出发，企业需要和利益相关者建立良好的关系，包括政府、社区和消费者等，它们更看重的是企业的外部形象和声誉。参与慈善捐赠满足了利益相关者对企业社会责任方面的要求，企业获得了稀缺资源等竞争优势，能有效降低交易成本，这是战略性慈善捐赠的核心。

慈善捐赠是一项长期工程，需要用发展的眼光来看待。Mescon 等（1987）强调企业进入新市场时，公众通过企业的各种行为方式了解企业，企业履行慈善捐赠社会责任行为能传递企业具有社会责任感的信息，增强企业利益相关者的信赖。学者也证实了企业慈善捐赠行为和企业绩效的正向关系（Brammer，2005）。钟宏武（2007）总结相关文献后认为，企业履行慈善捐赠行为能避免经营过程中潜在的风险和伤害。杜兴强（2010）通过数据进行实证分析并得出结论，企业参加慈善捐赠和企业价值（绩效）是正相关关系。王端旭（2011）从利益相关者角度分析企业慈善捐赠与企业价值的关系，指出企业慈善捐赠行为与利益相关者价值取向一致时，企业价值会增加。以上学者认为慈善捐赠行为与企业价值是正相关关系。但也有相反的结论，有学者认为企业慈善捐赠行为会降低企业绩效（Haley，1991；Galaskiewicz，1997；方军雄，2009）。Friedman（1970）认为，企业慈善捐赠的资金难以收回，慈善捐赠的机会成本太高，会降低企业收益水平。近年来，有学者实证发现，企业慈善捐赠行为与企业价值无显著关系（Seifent & Barkus，2004）。

对于造成以上研究结果差异的原因，学者普遍认为由于研究过程中侧重点不同，选取变量、衡量变量的方法、指标等不同，会造成研究结论上的不一致。

2.4 文献述评

综合以上文献，本书发现现有文献主要从委托-代理理论、社会责任理论、管家理论和交易成本理论等不同理论视角分析了企业慈善捐赠行为的影响因素和动机，为人们清楚地理解企业慈善捐赠的相关内容奠定了理论基础。但纵观已有研究，本书认为解释企业慈善捐赠的理论视角还需进一步扩展。从综述中可以看出，大多数关于企业慈善捐赠的文献以理论研究为主，针对家族企业慈善捐赠影响因素的实证研究较少，然而，企业慈善捐赠如从不同的理论视角进行探讨，会更全面地诠释企业慈善捐赠的影响因素，一方面可以深化理论的解释，另一方面可以扩展现有理论的视角和整合多种不同理论，从而进一步深化研究主题。本书认为已有研究需要进一步完善以下三个方面：

第一，由于家族企业是由家族和企业组成的系统，家族企业在进行决策时会同时受到家族和企业两个方面的影响，研究者更多关注的是企业层面对企业慈善捐赠的影响，较少关注家族层面对其的影响。

第二，就家族企业慈善捐赠的文献来看，大多数学者是从一般企业的慈善捐赠的角度和理论分析家族企业慈善捐赠行为动机，而家族企业并不是完全理性的经济人，要解释家族企业的行为需要用特定理论来解释其行为动机。Gomez-Mejia等（2007）提出的社会情感财富（SEW）理论能很好解释家族企业的行为决策，已有学者用社会情感财富（SEW）理论来解释家族企业的行为（陈凌，2013；窦军生，

2014），但需要整合社会情感财富（SEW）理论和其他理论来深入探究家族企业慈善捐赠的影响因素。

第三，制度是家族企业慈善捐赠行为重要的外部宏观环境的影响因素，Selznick 认为，组织是一个制度化的机构受所处制度环境的影响，通过对外部环境不断调整而适应的产物。Campbell（2007）认为制度管制、企业社会责任规范等制度条件都会对企业履行社会责任行为的方式产生影响。因此，研究家族企业慈善捐赠行为要探究外部制度因素对它的影响。

第3章　家族涉入对慈善捐赠行为的影响

3.1　引言

　　企业慈善捐赠行为是企业社会责任的重要组成部分，在促进社会公平、健全社会福利等方面的作用日益突出。党的十八大报告中提出，要不断健全社会救助体系，完善社会福利制度，促进慈善事业的发展。党中央关于支持慈善事业的一系列决定为做好慈善工作提供了强大的思想保证，这也引起了学术界和实践界对企业慈善捐赠行为的广泛关注。随着民营经济异军突起，民营经济已成为中国慈善事业的主力，民营经济尤其是家族企业在履行企业社会责任方面发挥着巨大作用（陈凌，陈丽华等，2013）。相比非家族企业而言，家族企业在履行慈善捐赠行为方面表现得更为积极（Dyer，Whetten，2006；Morck，2004）。那么，家族企业通过履行慈善捐赠行为来承担社会责任的内在动机是什么呢？从已有的文献资料来看，企业主要是出于战略动机、利他主义动机、政治和制度压力动机、管理效用等（Zhang et al.，2010；高勇强等，2012）

这几个方面的考虑。然而，以往的研究大多探讨企业慈善捐赠动机和作用，很少分析家族涉入与企业慈善捐赠的关系，也未从家族企业异质性（Heterogeneity）角度进一步探讨两者之间的关系。本章重点阐述家族涉入和企业慈善捐赠行为的关系。首先通过文献回顾和理论分析提出相应的研究假设，然后通过国泰安数据库、万德数据库和锐思金融数据库获得上市家族企业的数据，运用计量分析法对理论假设进行实证验证，最后通过实证结果分析得出结论。

3.2 理论分析和研究假设

3.2.1 家族涉入对家族企业慈善捐赠的影响

中国家族企业大多是家族控制的，因此，家族所有者和企业战略制定者合二为一，所有者必然会影响企业战略决策的方向，自然就影响着企业慈善捐赠行为的特征。企业的行为受企业决策者风险偏好的影响，而家族企业所有者的风险偏好直接决定了企业的决策行为。因为家族所有者对企业决策行为有不受限制的自由裁量权，家族涉入使家族对企业具有战略制定、决策的权力和合法性（Deephouse & Jaskiewicz，2013）。家族所拥有的企业所有权越高，所有者与企业就有越紧密的情感和经济联系。他们是风险厌恶（Risk-aversive）的，他们担心激进战略失败会导致家族社会情感财富（SEW）受到损失（Bianco，Bontempi，2012；Liang et al.，2014）。所以，家族企业决策者会选择长期导向战略，慈善捐赠就是一种长期导向战略，家族涉入为企业参与慈善捐赠活动提供了保障和基础。企业主对待风险的态度直接影响着家族企业的决策行为。一般来说，行为代理模型（BAM）认为，在损失厌恶（Loss Aversion）观点的基础上，企业主在决策时会保护家族成员的家族财富和利益，选择长期导向的战略（Biarco，2012；Liang et al.，2014）。家族所有者会倾向于自保（Self-insurance）行为，这些行为能帮助企业降低损失（Briys & Schlesinger，1990）。Chrisman 等（2012）指出，家族企业会避免采取以减少家族成员社会情感财富为代价的企业利润最大化的行为。家族企业采用慈善捐赠这种长期导向战略能为家族积累道德声誉资本（Godfrey，2005），这种自保行为会保护家族成员的社会情感财富。当家族涉入程度越高时，家族的社会情感财富和企业发展越密切相关，企业主就有更强动机通过慈善捐赠行为保护家族财富，寻求家族自我保护（Dou et al.，2014）。因此，家族涉入程度越高，企业主会更倾向于采用慈善捐赠长期导向战略，来保护家族成员的社会情感财富。参照古典管理理论（Grossman & Hart，1986）和利益相关者理论（Mitchell，Agle & Wood，1997），家族对企业所有权较小时，家族对企业的战略决策不起决定性作用；而家族拥有企业所有权较高时，家族就具有了企业战略的决策权，家族的自由裁量权决定了家族所有者可以追求非经济目标（Miller，Minichilli & Corbetta，2012；Zellweger，Nason & Brush，2013）。因此，家族所有权越大，家族越有动机保护家族成员的社会情感财富，越有权威和合法性去影响企业战略决策。

家族涉入所有权比例高，家族就有合法地保护和增强家族成员的社会情感财富的作用，家族涉入管理权也有合法地保护和增强家族成员的社会情感财富的作用，也有助于企业实施慈善捐赠行为。家族成员进入董事会，会增强家族的自由裁量权，影响企业的战略决策。这些家族高管是家族企业的内部利益相关者，他们有强烈的主人翁意识（Gomez-Mejia，Cruz，Berrone，2011），必定会从家族利益角度考虑企业的发展，与家族所有者的目标一致，希望企业采取长期导向战略以持续发展。众所周知，慈善捐赠行为能提升企业的声誉和自身形象（Godfrey et al.，2009；Muller & Kraussl，2011），家族高管很重视家族企业的声誉和形象，更倾向于采取慈善捐赠行为，以获得社会公众对家族企业的好评，因此，家族成员进入董事会的比例越高，家族企业履行的慈善捐赠行为越多。

真正的家族企业希望世代延续，持续发展离不开责任感。没有什么能够比家族慈善更能让家族成员有责任感，家族慈善已成为很多家族企业联系情感和培养道德准则的纽带（陈凌，陈丽华，2013）。家族企业持续时间越长，家族所有者对企业的情感越深，这是一种"传家宝效应"（Heirloom Effect）（Zellweger et al.，2012），家族所有者特别重视家族价值观的传承和延续，因此，他们会更愿意追求慈善捐赠等非经济目标（Berrone et al.，2010）。家族企业持续时间越长，所有者就会把企业的非家族成员的雇员看成一家人，更愿意采取长期导向战略保护家族企业；家族企业持续时间越长，企业就越具有独特性（Idiosyncratic）（Dyer，2003；Habbershon & Pistrui，2002）。家族创始人希望家族文化能长久传承和延续，为保护家族的社会情感财富，企业决策者会更多地采用慈善捐赠等行为来凝聚家族力量，让家族成员团结在一起，共同承担企业社会责任（Schein，1986）。2011 年，瑞士联合银行集团（UBS）和欧洲工商学院合作了一个项目，主要调查亚洲的 4 个国家的 200 多个家族企业，调查发现这些企业都在做慈善。在这当中有一半以上的家族企业创始人认为，希望通过家族慈善建立一个长远的家族传承。家族企业创立越久，这种想法越强烈。家族企业创始人指出，这个传承不是财富方面的传承，而是一种家族价值观的传承，他们希望通过慈善捐赠行为，让家族成员明白财富的真正意义，同时能增强家族凝聚力，培养和教育下一代。

综合以上分析，本书提出研究假设：

假设 1：家族涉入对慈善捐赠有积极影响。

假设 1a：家族涉入所有权比例对慈善捐赠有积极影响。

假设 1b：家族成员进入董事会席位比例对慈善捐赠有积极影响。

假设 1c：家族控制持续时间对慈善捐赠有积极影响。

3.2.2　股权制衡度对家族企业慈善捐赠的影响

股权制衡度是企业股权结构中的重要指标，体现了企业股权结构中相对于控股股东之外的股权持有状况（李亚辉等，2012）。股权结构是公司治理中的一个重要层面，因此，股权结构会影响到公司治理效率和公司战略。有学者发现，公司治理机制对企业社会责任有促进作用（Bear et al.，2010）。由于家族企业普遍存在一股独大的现象（徐莉萍，2006；陈文婷，2008；罗正英等，2014），股权制衡可以规避大股东凭借其控制地位对公司资源进行侵害和掠夺。而家族的大股东相对于小股东而言更倾向于关注企业的长期战略（Mansfield，1968），股权制衡度会促进家族的大股东更多关注企业的长期战略，如家族企业的慈善捐赠行为。因此，家族企业的股权制衡度会促进企业履行慈善捐赠行为。随着股权制衡度的提高，家族企业所有者会更加愿意关注能让企业长期发展的战略，会参加更多的慈善捐赠。根据利益相关者理论，家族股东是企业重要的核心利益相关者，他们会影响家族企业的决策行为，企业慈善捐赠战略决策也会受其影响。关于股权制衡度和企业慈善捐赠关系的研究，国内外学者有不同的研究结果。国外学者 Costanza，Paola 和 Jaiswal（2008）对欧洲上市公司数据进行实证研究发现，大股东为了实现自身利益最大化，可能会利用手中权力做出非理性决策，减少公司履行社会责任行为，来增加自己的收益。而国内学者认为，股权制衡度对企业社会责任的履行情况有积极的影响。史敏超（2007）选取2007 年上市公司数据为样本进行实证分析和研究，他发现，股权制衡度和企业社会责任的关系是正相关的。随后，张彦明（2012）也用不同年份和样本的数据进行实证研究，得到了相同的结论。为进一步说明两者之间的关系，我们根据模仿同构（Mimetic Isomorphism）的理论逻辑来解释（DiMaggio，Powell，1983），当股东对家族企业的控制权越久和越强时，股东对家族企业的财务、人力资源和价值观的依赖就会越高，进而就会越加主动地去模仿家族企业所追求的目标和行为。股权制衡是为了防止大股东侵害公司利益，而现在家族大股东为了保护家族成员的社会情感财富会追求长期战略行为——慈善捐赠，以提升企业的声誉和形象，使企业长期持续发展，股权制衡度会支持家族大股东的战略选择。大多数学者认为公司股权制衡会促进企业履行社会责任。

由以上分析，本书提出如下假设：

假设 2：股权制衡度对家族企业慈善捐赠有积极影响。

3.2.3 冗余资源对家族企业慈善捐赠的影响

Bourgeois（1983）认为冗余资源（Slack Resources）是一种闲置、能方便使用的资源，它能够使组织成功应对内外部环境改变的压力，以适应各种环境而进行战略决策。冗余资源被认为是应对内外部环境动荡和冲击的"缓冲器"。家族企业对外界环境的变化相当敏锐，而且家族企业重视企业收益长期导向战略，已将慈善捐赠行为作为企业长期战略决策之一。冗余资源代表企业的潜在资源（Cheng et al.，1997），在激烈的竞争环境下，资源丰富的家族企业会为了保护家族的社会情感财富，履行更多的慈善捐赠社会责任，获得社会公众对家族企业的好评。Buchholtz，Amason 和 Rutherford（1999）探讨了 CEO 对组织冗余的感知和企业慈善之间的关系，结果发现，CEO 对组织冗余的感知与慈善支出之间是显著正相关关系。慈善捐赠行为是要消耗企业资金或资源的行为，因此，只有当企业有过量的冗余资源时，才更可能实施慈善捐赠行为。家族企业的所有者为保全家族的社会情感财富，将家族的价值观传承和延续下去，愿意承担更多的慈善捐赠等社会责任，让家族成员承担更多责任，增强家族企业的凝聚力。

由以上分析，我们提出研究假设：

假设 3：冗余资源对家族企业慈善捐赠有积极影响。

3.2.4 股权制衡度对家族涉入与慈善捐赠的影响

股权制衡是指几个大股东分享公司控制权，相互制衡，抑制大股东不能单独进行决策，以达到股东之间相互制衡的目的。依据 DiMaggio 和 Powell（1983）的模仿同构逻辑，股权制衡度会支持家族大股东的战略选择。大多数学者认为公司股权制衡会促进企业履行社会责任。"利益协同效应"也得到了学者的证实。吕慧聪（2006）用该理论探讨了股权制衡对企业信息披露的影响，结果发现，股权制衡和企业信息披露是正相关关系。在股权制衡度较高的家族企业，大股东自身对管理的监督能力和监督动机都会更加强烈，这有利于充分发挥家族企业管理层的经营决策能力，使之更加科学，降低信息不对称的程度（Makhijia，Patton，2004；何卫东，2003；刘斌和吴娅玲，2007）。股权制衡度较高时，家族大股东会更加从长期角度选择公司战略，会选择慈善捐赠等行为，以促进企业长期发展。因此，股权制衡度会正向调节家族涉入与慈善捐赠的关系。股权制衡度高的家族企业进行慈善捐赠，能达到家族、股东和企业共赢的局面。

综合以上分析，本书提出研究假设：

假设 4：股权制衡度正向调节家族涉入与慈善捐赠的关系。

假设 4a：股权制衡度正向调节家族涉入所有权比例与慈善捐赠的关系。

假设 4b：股权制衡度正向调节家族成员进入董事会比例与慈善捐赠的关系。

假设 4c：股权制衡度正向调节家族控制持续时间与慈善捐赠的关系。

3.2.5 冗余资源对家族涉入与慈善捐赠的影响

冗余资源用于应对环境的冲击，Bourgeois（1983）认为冗余资源是组织中一种实际的或潜在的应对环境变化的资源缓冲器，它可以使组织成功应对组织内外环境变化的压力，以及应对外部宏观环境而进行战略调整。对于家族起主导作用的家族企业来说，为满足内外部环境的变化和内外部利益相关者的需要，实现资源与资源的交换，企业的冗余资源是企业的这种资源交换和战略调整的关键因素。家族企业对外部环境变化很敏锐，家族涉入程度越高，对外部环境的变化越敏感，当外界环境变化，冗余资源是家族企业进行慈善捐赠行为的保障。同时，家族企业为保护家族成员的社会情感财富，更愿意履行企业社会责任，获得社会公众的合法性认可。Meyer 和 Rowan（1977）认为企业为了整合社会中合法性的有效元素，会发挥资源的最大化作用。家族涉入程度越高的家族企业为了让企业更具合法性，往往会参加更多的慈善捐赠等有社会影响力的活动，这些活动的顺利开展需要企业有更多的潜在资源，冗余资源的重要作用就在于为家族企业能够顺利开展这些活动提供了可能。对于家族涉入程度越高的家族企业，家族保全社会情感财富的愿望越强烈，会有更多的追求慈善捐赠等非经济目标的行为，而这些追求都需要资源支持。企业的冗余资源越多，家族企业的决策者对非经济目标的追求也越多（Brammer，Millington，2002）。关于冗余资源对家族涉入和慈善捐赠的影响理论分析虽然较少，但仍能找到具有价值和意义的结论,即慈善捐赠是需要企业消耗资金或资源的行为,参与慈善捐赠活动是在企业有能力生存和发展的基础上选择的。家族企业只要有冗余资源,会尽自己力量去进行慈善捐赠活动(田雪莹,2015)。当组织的冗余资源越多时,家族涉入与慈善捐赠的关系会越显著。

综合以上分析,本书提出研究假设:

假设 5:冗余资源正向调节家族涉入与慈善捐赠的关系。

假设 5a:冗余资源正向调节家族涉入所有权比例与慈善捐赠的关系。

假设 5b:冗余资源正向调节家族成员进入董事会比例与慈善捐赠的关系。

假设 5c:冗余资源正向调节家族控制持续时间与慈善捐赠的关系。

3.2.6 股权制衡度、冗余资源对家族涉入与慈善捐赠的影响

家族涉入与企业慈善捐赠之间的关系不仅受股权制衡度、冗余资源的调节效应影响,还受到这两个维度共同作用的影响。家族企业从股权制衡度、冗余资源两个方面可以将企业分为四种类型,如图 3-1 所示。

当家族企业是第一种类型企业时:冗余资源高,家族企业有多余资源来应对外部环境的变化,家族决策者会更愿意参加慈善捐赠等有社会影响力的活动,以提升家族企业的声誉和形象,此时家族涉入与慈善捐赠是正相关关系;股权制衡度高时,依据模仿同构的理论逻辑(DiMaggio,Powell,1983),当股东对家族企业的控制权越久和越强,股东对家族企业的财务、人力资源和价值观的依赖就会越高,进而就会越加主动地去模仿家族企业所追求的目标和行为。渐渐地,股东和家族企业两个子系统在目标追求和行为表现方面就越来越趋同。股权制衡是为了防止大股东侵害公司利益,现在家族大股东为了保护家族成员的社会情感财富而追求长期战略的行为——慈善捐赠,会提升企业的声誉和形象,使企业长期持续发展,因此,股权制衡度会支持家族大股东的战略选择。此时,家族涉入程度与慈善捐赠显著正相关。综合来说,家

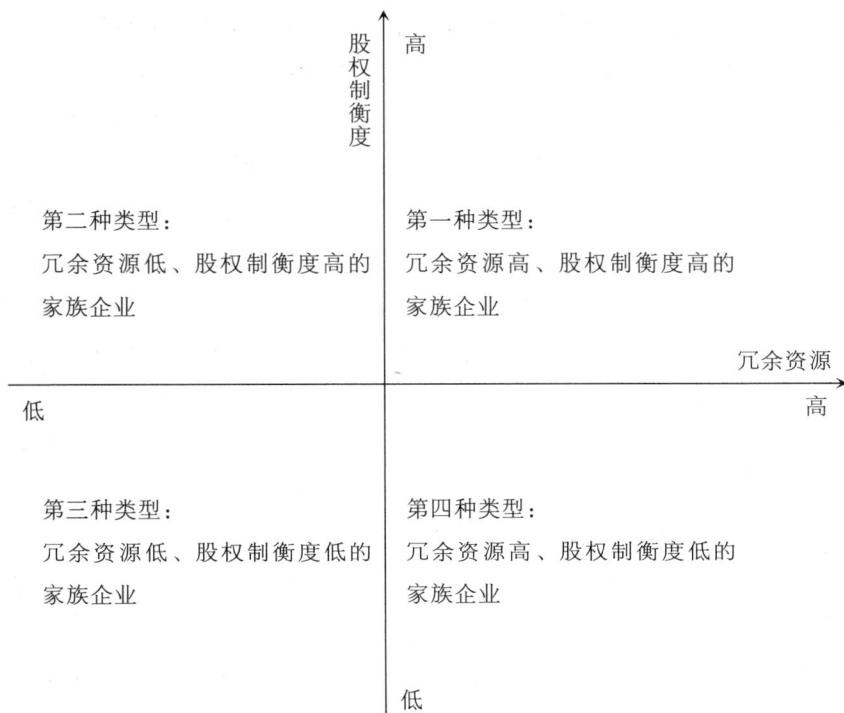

图 3-1　四种类型的家族企业

族企业是第一种类型的企业时，家族涉入对慈善捐赠有积极影响。当家族企业是第二种类型企业时：虽然组织冗余相关理论得出结论，慈善捐赠是需要企业消耗资金或资源的行为，参与慈善捐赠活动是在企业有能力生存和发展的基础上选择的，但家族企业特有的社会情感财富会使其主动承担部分责任。冗余资源低或缺乏，家族企业的决策者仍要保护家族社会情感财富，慈善捐赠行为能有效保护家族社会情感财富，除非家族企业资金极其紧张或缺少时，才会考虑企业的生存问题，此时家族涉入程度与慈善捐赠是正相关。综合来说，家族企业是第二种类型的企业时，家族涉入对慈善捐赠有积极影响。当家族企业是第三种类型企业时：组织冗余相关理论得出结论，慈善捐赠是需要企业消耗资金或资源的行为，参与慈善捐赠活动是在企业有能力生存和发展的基础上选择的。冗余资源低或缺乏，家族企业的决策者仍要保护家族社会情感财富，慈善捐赠行为能有效保护家族社会情感财富，除非家族企业资金极其紧张或缺少时，才会考虑企业的生存问题，此时家族涉入程度与慈善捐赠是正相关；股权制衡度低，家族股东会为了非经济目标而侵害公司资源，此时家族涉入程度与慈善捐赠无关或不确定。综合来说，家族企业是第三种类型的企业时，家族涉入与慈善捐赠的关系是不确定的。当家族企业是第四种类型的企业时：冗余资源高，家族企业有多余资源来应对外部环境的变化，家族决策者会更愿意参加慈善捐赠等有社会影响力的活动，以提升家族企业的声誉和形象，此时家族涉入与慈善捐赠是正相关关系；股权制衡度低，家族股东会为了非经济目标而侵害公司资源，此时家族涉入程度与慈善捐赠是无关或不确定的关系。综合来说，家族企业是第四种类型的企业时，家族涉入与慈善捐赠是不确定的关系。

综合以上分析，论文提出研究假设：

假设 6：冗余资源高、股权制衡度高的家族企业，家族涉入与慈善捐赠是显著正相关关系。

假设 6a：冗余资源高、股权制衡度高的家族企业，家族所有权比例与慈善捐赠是显著正相关关系。

假设 6b：冗余资源高、股权制衡度高的家族企业，家族成员进入董事会席位比例与慈善捐赠是显著正相关关系。

假设 6c：冗余资源高、股权制衡度高的家族企业，家族控制持续时间与慈善捐赠是显著正相关关系。

假设 7：冗余资源低、股权制衡度高的家族企业，家族涉入与慈善捐赠是显著正相关关系。

假设 7a：冗余资源低、股权制衡度高的家族企业，家族所有权比例与慈善捐赠是显著正相关关系。

假设 7b：冗余资源低、股权制衡度高的家族企业，家族成员进入董事会席位比例与慈善捐赠是显著正相关关系。

假设 7c：冗余资源低、股权制衡度高的家族企业，家族控制持续时间与慈善捐赠是显著正相关关系。

3.3 样本选择与数据来源

本书的研究对象是家族企业，为此，首先要界定家族企业。根据家族企业的定义，针对国内部分文献以上市民营公司代替上市家族公司进行研究时，并未将民营企业和家族企业区分这一现象，本书对上市家族公司进行了严格定义，具备以下标准的上市公司定义为上市家族企业，以期保证实证结果的有效性：（1）公司年报披露的最终控制人能追溯到家族或自然人；（2）公司的第一大股东对上市公司的控制权≥20%；（3）至少有两位具有亲缘关系的家族成员持股或担任上市公司高管。

根据以上家族企业的界定，作者搜集了上市家族企业的家族涉入数据和慈善捐赠数据，主要数据是通过国泰安数据库和万德数据库上市公司财务年报、财务报表附注数据库搜集整理，部分数据是通过查阅公司历史资料、《新财经》、《新财富》以及整理巨潮信息网的相关资料和公司补充披露的家族信息而得。本章以 2005—2014 年中国沪深两市上市家族企业中参与慈善捐赠的企业为初始研究样本，最初获得 2 810 个观测值，对初始样本企业做如下筛选：

第一，剔除了家族控制的金融类上市企业，因为金融类上市企业的财务报表结构与非金融类公司财务报表有明显不同，而且与其他企业适用的会计准则和方法有很多差别，依据经验，本书排除该类上市公司。

第二，剔除了 ST 类上市公司，ST 类上市公司至少已经连续两年亏损，此类公司的财务指标会出现异常值，如果将其放入到样本中可能会使结论有所偏差。

第三，剔除了上市家族企业中慈善捐赠数据明显有错误的公司，即家族企业同一年份披露的慈善捐赠金额不同，在相应的财务报表中没有特殊说明，本书认为这样的公司数据有问题，从研究样本中剔除。

第四，剔除主要指标数据严重缺失或异常的上市公司。

经过详细筛选后，最终获得 2 018 个面板数据观测值，如表 3-1 所示。

表 3-1　研究样本中上市家族企业参与/未参与慈善捐赠的公司数量

年份　　　类别	参与慈善捐赠	未参与慈善捐赠	总计[①]
2005	45	52	97
2006	51	67	118
2007	96	60	156
2008	154	23	177
2009	180	65	245
2010	201	44	245
2011	197	48	245
2012	186	59	245
2013	193	52	245
2014	189	56	245

资料来源　作者根据相关资料整理而得.

3.4　主要变量测量

本书中主要指标变量的定义和公式如表 3-2 所示。

3.4.1　因变量

本书主要参照高勇强等（2012）的文献，从慈善捐赠行为（Donation）和慈善捐赠金额（LnDonation）两个方面来衡量企业慈善捐赠。慈善捐赠行为是虚拟变量，主要界定为企业是否进行慈善捐赠；慈善捐赠金额是指搜集企业具体的慈善捐赠数量，然后将这一数值加 1 再进行对数处理来衡量该公司当年的捐赠规模。其中，家族企业慈善捐赠金额是根据上市公司年报财务报表附注中"营业外支出"科目下的"公益捐赠""慈善捐赠支出""公益性支出""公益性捐赠支出""公益救济性捐赠支出""救济性捐赠""救急捐赠""救济捐赠支出""捐赠款""捐款""对外捐赠支出""捐款以及捐赠"12 种明细项目汇总整理得到的。

---

① 通过手工摘录获得数据时发现，2009—2014 年 6 年中，家族企业的总数量都是 245 家。

表 3-2   变量定义表

	名称	变量	变量简称	定义
因变量	慈善捐赠	捐赠行为	Donation	企业是否进行慈善捐赠，捐赠为1，否则为0
		捐赠额度	LnDonation	Ln（1+捐赠金额）
自变量	家族涉入	家族所有权比例	Fo	家族企业创始人及家族成员所有者权益总额比例之和
		家族成员进入董事会比例	Fdr	家族成员进入董事会席位的人数占董事会总人数的比例
		家族控制持续时间	Dur	家族企业登记注册到当前年的年数
调节变量	股权制衡	股权制衡度	Z	第二大股东至第十大股东与第一大股东的比值
	冗余资源	冗余资源度	Slack	流动资产除以流动负债
控制变量	企业规模	企业规模	Size	Ln（总资产）
	资产负债率	资产负债率	Lev	企业长期负债与总资产的比值
	资产收益率	资产收益率	ROA	企业的净利润除以总资产
	广告强度	广告强度	Ad	销售费用除以销售额
	企业主政治身份	企业主政治身份	Pc	如果企业主是人大代表或政协委员等，则设置为1，否则取0
	企业主年龄	企业主年龄	Do	企业主在当前年的年龄
	行业	行业哑变量	Industry	制造业按照细类划分
	年份	年份哑变量	Year	年度虚拟变量

对慈善捐赠金额进行对数化处理主要有两个方面的考虑：一是可以降低分析结果中产生的异方差；二是保证统计估计的有效性。

3.4.2　自变量

根据第 1 章中对家族涉入的定义，本书参照 Zellweger，Deephouse & Jaskiewicz（2013），Dou（2014）和陈凌等（2014）的研究，用三个变量指标来衡量家族涉入（Family Involvement）程度，即家族所有权比例（Fo）、家族成员进入董事会席位比例（Fdr）和家族控制持续时间（Dur）。家族所有权比例用家族企业创始人及家族成员所有者权益总额比例之和来衡量，但上市家族企业多数是金字塔结构股权控制方式，为了准确表示所有权比例，我们按照 La Porta 等人的做法，用现金流权衡量终极所有权。先通过上市家族企业年报和招股说明书等资料，依据年报中的"前十名股东持股情况"与"公司实际控制人产权及控制关系图"计算家族实际控制人控股比例总和，然后再根据股东关联资料识别出家族成员股东，并通过财经网、公司公告等资料确认家族成员的具体持股情况，将所有家族成员在该上市公司的持股比例加总，最后得到家族所有权的比例。第二个变量指标家族成员进入董事会席位比例，根据 Dou（2014）的研究，用家族成员进入董事会席位的人数占董事会总人数的比例来衡量。家族控制持续时间用家族企业登记注册的时间来衡量。

3.4.3　调节变量

股权制衡度（Z），指的是上市家族企业中非控股大股东对控股股东的制衡程度。如果家族企业中制衡能力指数越高，就表明股权制衡作用越好。吴丹（2013）研究认为，股权制衡度高的企业可以更好地保护企业内外部利益相关者的权益，有利于促进企业更好地履行社会责任。股权制衡程度用上市公司中第二大股东至第十大股东与第一大股东的比值来衡量。

按照 Tan 和 Peng 论文中对冗余资源（Slack）的界定，其主要分为两类：（1）未被吸收的（Unabsorbed）冗余。未被吸收的冗余比较灵活，比如现金、信用额度等类似现金等价物的资产。（2）已被吸收的（Absorbed）冗余。已被吸收的冗余存在于企业的内部管理中，有很多不同的测量方法：孙德升用销售成本费用比率来测量，有学者用销售费用、财务费用和管理费用等来测量，而 Tan 和 Peng 的论文中用大型设备维修基金、应付账款和存货来测量。学者们用若干代理变量来测量冗余资源，引起了理论界的争议。在舆论压力背景下，我们采用资源冗余度来代表家族企业冗余资源的丰富程度（王倩，贾生华，2014），即用流动资产与流动负债的比值来衡量已被吸收的冗余。

3.4.4 控制变量

为分析家族涉入对慈善捐赠的影响，还有一些已被证实的控制变量：

（1）企业规模（Size）。为上市家族企业的规模变量，用家族企业的总资产取自然对数得到。一般来说，总资产规模大的家族企业就拥有优势，会占据更多的市场份额，就有能力进行更多的慈善捐赠。因此，预期家族企业规模与企业慈善捐赠正相关。

（2）资产负债率（Lev）。根据 Waddock 和 Graves（1997）、苏启林（2004）的研究发现，企业资产负债率越高，则企业的绩效越低。本书认为，因为企业的债务融资情况不同，在金融市场上遇到的风险就不同，就会影响企业的价值和慈善捐赠战略。该指标用家族企业长期负债占总资产的比例来衡量。

（3）资产收益率（ROA）。参考 Helwege 等（2007）的研究，引入资产收益率为控制变量，资产收益率用家族企业的净利润除以总资产来衡量。

（4）广告强度（Ad）。广告强度会影响企业的慈善捐赠行为（王倩，贾生华，2014），参照王倩（2014）的研究，用企业的销售费用除以销售额来衡量该指标。

（5）企业主政治身份（Pc）和年龄（Do）。企业主的这些特征会直接影响家族企业的慈善捐赠战略决策（高勇强等，2012）。企业主政治身份界定为是否是人大代表或政协委员，是为1，否则取0，是虚拟变量。

另外，本书还控制了家族企业所在行业（Industry）和年份（Year）

因素（Brammer & Millington，2008；毛世平，2009）的影响。根据中国证监会 2012 年 10 月公布的上市公司行业分类指引，将上市家族企业按照界定的行业类型分为 14 类，划分为 13 个虚拟变量。与此同时，我们针对不同年份家族企业慈善捐赠情况的差异性，将时间 2005—2014 年划分为 9 个虚拟变量。

3.5　模型设定

根据上述的研究假设，设立如下的多元回归模型来验证家族涉入对企业慈善捐赠的影响：

$$Donation_{it}=\alpha+\beta_1 Size_{it}+\beta_2 Lev_{it}+\beta_3 Ad_{it}+\beta_4 ROA_{it}+\beta_5 Do_{it}+\beta_6 Pc_{it}+\beta_7 Z_{it}*Slack_{it}+\beta_8 Z_{it}+$$
$$\beta_9 Slack_{it}+YearDummy+IndustryDummy+\varepsilon \tag{1}$$

$$Donation_{it}=\alpha+\beta_1 Size_{it}+\beta_2 Lev_{it}+\beta_3 Ad_{it}+\beta_4 ROA_{it}+\beta_5 Do_{it}+\beta_6 Pc_{it}+\beta_7 Z_{it}*Slack_{it}+\beta_8 Z_{it}+$$
$$\beta_9 Slack_{it}+\beta_{10} Fo_{it}+\beta_{11} Fdr_{it}+\beta_{12} Dur_{it}+YearDummy+IndustryDummy+\varepsilon \tag{2}$$

为了检验股权制衡度和冗余资源对家族涉入与企业慈善捐赠关系的调节作用，建立了如下回归方程：

$$Donation_{it}=\alpha+\beta_1 Size_{it}+\beta_2 Lev_{it}+\beta_3 Ad_{it}+\beta_4 ROA_{it}+\beta_5 Do_{it}+\beta_6 Pc_{it}+\beta_7 Z_{it}*Slack_{it}+\beta_8 Z_{it}+$$
$$\beta_9 Slack_{it}+\beta_{10} Fo_{it}+\beta_{11} Fdr_{it}+\beta_{12} Dur_{it}+\beta_{13} Z_{it}*Fo_{it}+\beta_{14} Z_{it}*Fdr_{it}+\beta_{15} Z_{it}*Dur_{it}+$$
$$YearDummy+IndustryDummy+\varepsilon \tag{3}$$

$$Donation_{it}=\alpha+\beta_1 Size_{it}+\beta_2 Lev_{it}+\beta_3 Ad_{it}+\beta_4 ROA_{it}+\beta_5 Do_{it}+\beta_6 Pc_{it}+\beta_7 Z_{it}*Slack_{it}+\beta_8 Z_{it}+$$
$$\beta_9 Slack_{it}+\beta_{10} Fo_{it}+\beta_{11} Fdr_{it}+\beta_{12} Dur_{it}+\beta_{13} Z_{it}*Fo_{it}+\beta_{14} Z_{it}*Fdr_{it}+\beta_{15} Z_{it}*Dur_{it}+$$
$$\beta_{16} Slack_{it}*Fo_{it}+\beta_{17} Slack_{it}*Fdr_{it}+\beta_{18} Slack_{it}*Dur_{it}+YearDummy+$$
$$IndustryDummy+\varepsilon \tag{4}$$

$$Donation_{it}=\alpha+\beta_1 Size_{it}+\beta_2 Lev_{it}+\beta_3 Ad_{it}+\beta_4 ROA_{it}+\beta_5 Do_{it}+\beta_6 Pc_{it}+\beta_7 Z_{it}*Slack_{it}+\beta_8 Z_{it}+$$
$$\beta_9 Slack_{it}+\beta_{10} Fo_{it}+\beta_{11} Fdr_{it}+\beta_{12} Dur_{it}+\beta_{13} Z_{it}*Fo_{it}+\beta_{14} Z_{it}*Fdr_{it}+\beta_{15} Z_{it}*Dur_{it}+$$
$$\beta_{16} Slack_{it}*Fo_{it}+\beta_{17} Slack_{it}*Fdr_{it}+\beta_{18} Slack_{it}*Dur_{it}+\beta_{19} Fo_{it}*Z_{it}*Slack_{it}+$$
$$\beta_{20} Fdr_{it}*Z_{it}*Slack_{it}+\beta_{21} Dur_{it}*Z_{it}*Slack_{it}+YearDummy+IndustryDummy+\varepsilon \tag{5}$$

其中：$Donation_{it}$ 表示慈善捐赠的两个变量 $Donation_{it}$ 和 $LnDonation_{it}$，Size 表示企业规模，Lev 表示企业的资产负债率，Ad 表示企业广告强度，ROA 表示企业资产收益率，Do 表示企业主年龄，Pc 表示企业主的政治身份，Z*Slack 表示企业的股权制衡度和冗余资源的交互项，Z 表示企业的股权制衡度，Slack 表示企业的冗余资源，Fo 表示企业的所有权比例，Fdr 表示企业的家族成员进入董事会比例，Dur 表示家族控制持续时间，Z*Fo 表示企业的股权制衡度和家族所有权比例的交互项，Z*Fdr 表示企业的股权制衡度和家族成员进入董事会比例的交互项，Z*Dur 表示企业的股权制衡度和家族控制持续时间的交互项，Slack*Fo 表示企业冗余资源和家族所有权比例的交互项，Slack*Fdr 表示企业冗余资源和家族成员进入董事会比例的交互项，Slack*Dur 表示企业冗余资源和家族控制持续时间的交互项，Z*Slack*Fo 表示家族所有权比例与企业股权制衡度、冗余资源的交互项，Z*Slack*Fdr 表示家族成员进入董事会比例与企业股权制衡度、冗余资源的交互项，Z*Slack*Dur 表示家族控制持续时间与企业股权制衡度、冗余资源的交互项，i 表示上市家族企业，t 表示年份，YearDummy 表示年份的哑变量，Industry Dummy 表示行业哑变量，ε 表示误差项。

3.6 模型分析和估计方法

3.6.1 模型的分析方法

在检验家族涉入与企业慈善捐赠关系的过程中，本书的研究分为两个阶段：第一个阶段主要采用 Logit 回归方法，当因变量是虚拟变量时，采用 Logit 回归方法检验影响上市家族企业慈善捐赠行为的因素，上面的模型（1）～（5）中的因变量 $Donation_{it}$，表示慈善捐赠的两个变量 $Donation_{it}$ 和 $LnDonation_{it}$。当因变量是 $Donation_{it}$ 时，它表示家族企业的慈善捐赠行为，是虚拟变量，此时，用 Logit 回归方法。第二个阶段采用 Tobit 回归方法检验家族涉入与企业慈善捐赠的关系。上面的模型（1）～（5）中的因变量 $Donation_{it}$，当因变量是 $LnDonation_{it}$ 时，因变量是连续变量，对于上市家族企业在有些年份慈善捐赠金额为 0 的情况，则会得到因变量是 0，会出现角点解，按照一般计量经济学的普通最小二乘法会使结果有偏，因此，为了保证结果的有效性，采用 Tobit 回归方法。

3.6.2　模型的估计方法

3.6.2.1　样本数据模型估计

本书采用上市家族企业 10 年的非平衡面板数据，实证检验家族涉入和企业慈善捐赠的关系及企业股权制衡度和冗余资源对家族涉入与企业慈善捐赠关系的调节作用，在建立多元回归计量模型时，如果有些重要的不可预测的解释变量缺失，高斯–马尔柯夫定理不再成立，回归参数常用的最小二乘法 OLS 估计量不再是无偏的。运用面板数据建立计量模型时，可以解决遗漏变量的问题，由于面板数据同时有截面和时间两个维度，能更好地识别和分析指标变量在两个方面的变化和规律，加之面板数据的样本容量较大，能够提供自由度并在一定程度上控制了异方差的影响，从而可以提高估计的精确度。

面板数据假设样本个体的测量数据个数是一样的，这种"平衡面板数据"（Balanced Panel Data）便于数据整理，但现实情况中经常会出现样本个体的数据缺失，或某一年中新的个体加入到调查中，即在所获得的面板数据中，每个时期观察到的样本个体数不完全相同，这是"非平衡面板数据"（Unbalanced Panel Data）。非平衡面板数据模型可以规避简单混合数据模型存在的样本自相关问题，也可有效地消除平衡面板数据模型中存在的样本选择偏差问题，能有效地保证研究结论的可靠性和稳定性。

在处理面板数据时，究竟应该使用固定效应模型（Fixed Effect Model）还是随机效应模型（Random Effect Model），这是一个根本问题。一般为分析每个个体的特殊效应，设立随机误差项 $\mu_{it} = \alpha_i + \varepsilon_{it}$。其中 α_i 代表个体的特殊效应，当假定 α_i 是固定的常数时，这种模型是固定效应模型；当假定 α_i 不是固定的，而是随机的，这种模型是随机效应模型。对于这两种模型的选择，从经验上来说，是看 α_i 是否是固定常数，但这种经验方法会造成估计结果的偏差。Hausman（1978）提出了豪斯曼检验（Hausman Test）的方法，这是学者判断选择哪种模型普遍采用的方法，豪斯曼检验其实是一种 Wald 检验法（Wald Test）。该检验的统计量为：

$$w = (\hat{\beta}_w - \hat{\beta}_{GLS})' \sum_{\beta}^{-1} (\hat{\beta}_w - \hat{\beta}_{GLS})$$

如果该统计量 w 大于临界值，则拒绝原假设，选择固定效应模型；否则接受原假设，选择随机效应模型。本书在选择模型估计时，主要通过豪斯曼检验进行判断。

3.6.2.2 异方差和共线性的处理

1. 异方差

线性回归模型有一个重要假设：回归模型中的随机误差项具有相同方差。而往往模型中的随机误差项是有不同方差的，即异方差。这就违背了最小二乘法估计的高斯−马尔柯夫假设，用传统的最小二乘法估计模型，得到的结果不准确，导致参数估计的 t 统计量的值不能正确确定。当存在异方差时，就需要采用相应办法进行补救。解决办法是通过模型的一系列变换后，使随机误差项变成同方差，再按照线性回归模型的假设条件进行回归分析。

2. 共线性

如果回归模型中的各个解释变量之间存在完成或近似的线性关系，则是共线性。通常情况下，解释变量之间总是存在着一定程度的相关性，但若所选择的解释变量之间高度相关，造成信息重叠，就会造成参数估计失去意义；相反，如自变量之间的相关性不是很高，回归系数有效，就保证了解释变量对被解释变量的贡献是确定的。对于解释变量之间是否具有共线性的诊断办法，统计学中采用方差膨胀因子（VIF）来衡量。一般以 VIF 是否小于 10 来判断变量之间是否存在多重共线性。一般做法是，计量方差膨胀因子（VIF）如果小于 10，变量间不存在多重共线性；如果大于 10，则要通过标准化方法对解释变量进行处理，以克服解释变量之间的多重共线性。

3.7 实证结果

3.7.1 描述性统计

表 3-3 列示了解释变量与被解释变量的平均值（Mean）、标准方差（Sd）、中位数（Median）、最大值（Max）和最小值（Min）。经过处理

后的家族企业慈善捐赠（对企业捐赠取对数）均值为 9.436，标准方差为 5.850，与 Wang 和 Qian（2011）的数据处理结果相近。具体来说其他解释变量，上市家族企业中家族所有权比例平均为 33.69%，家族成员进入董事会比例平均为 17.9%，家族控制持续时间平均为 12.59 年，总体来说，家族涉入还是比较普遍的。企业主政治身份占比平均为 68.1%，表明大部分的企业主会当人大代表或政协委员；所有者的平均年龄为 50.83 岁，由于中国家族企业在改革开放之初创立，中国家族企业进入了快速的传承期；家族企业股权制衡度平均为 95%，能够有效抑制家族大股东的决策行为，起到了制衡作用。本书以股权制衡度和冗余资源两个维度对家族企业进行分类。家族企业的股权制衡度的最大值（Max）为 15.003，最小值（Min）为 0.019；家族企业冗余资源的最大值（Max）为 36.57，最小值（Min）为 0.011，这两个指标的最大值和最小值差距很大。因此，我们选取这两个指标的中位数（Median）作为家族企业的"分水岭"（Miller et al.，2013），即家族企业股权制衡度大于 70.7%，为股权制衡强的企业；否则为股权制衡弱的企业。家族企业的冗余资源大于 1.658 的企业，为冗余资源丰富的企业；否则为家族企业冗余资源匮乏的企业。

3.7.2　变量相关性分析

本书要对回归模型中的变量指标进行 Pearson 相关系数分析，相关性分析结果如表 3-4 所示。从表 3-4 可知，变量家族涉入中的家族所有权比例对慈善捐赠有积极影响，家族进入董事会比例与慈善捐赠没有显著相关，家族控制持续时间对慈善捐赠显著有积极影响。在企业特征中，企业规模、资产负债率、股权制衡度和冗余资源对慈善捐赠是有影响的，资产收益率和广告支出与慈善捐赠没有显著相关。企业主政治身份和年龄均对慈善捐赠有积极影响。主要控制变量对家族企业慈善捐赠都有影响，就家族涉入对企业慈善捐赠的影响而言，本书所选择的控制变量是合适的。虽然主要解释变量之间存在相关性，但相关系数绝对值均小于 0.4，而且模型的方差膨胀因子小于 10，模型中的解释变量不存在多重共线性。

表 3-3 主要变量的描述性统计

variable	Mean	Sd	Min	Median	Max
捐赠行为	0.739	0.439	0	1	1
捐赠额度	9.436	5.850	0	12.06	18.22
所有权比例	33.69	15.66	1.828	32	92.35
进入董事会比例	0.179	0.083	0.040	0.167	0.583
控制持续时间	12.59	5.080	0	12	34
企业规模	21.41	1.053	16.51	21.29	25.13
资产负债率	0.453	0.475	0.025	0.434	12.24
资产收益率	0.088	0.368	−8.407	0.083	12.37
广告强度	0.085	0.432	0	0.043	19.00
企业主政治身份	0.681	0.466	0	1	1
企业主年龄	50.83	8.332	21.00	50	72
股权制衡度	0.95	0.98	0.019	0.707	15.003
冗余资源	2.527	2.797	0.011	1.658	36.57

3.7.3 回归分析结果

3.7.3.1 第一阶段 Logit 回归分析结果

家族涉入与慈善捐赠关系的回归结果如表 3-5 中模型 1~5 所示。从表 3-5 的 Logit 回归分析结果可以看出，就模型 1，在企业主层面上，家族企业主的政治身份对企业慈善捐赠行为有积极影响（系数为 0.315，$p<0.01$），也就是说企业主如果是人大代表或政协委员，该家族企业会更多地进行慈善捐赠行为；企业规模对企业慈善捐赠行为有显著正向影响（系数为 0.712，$p<0.01$），表明企业总资产规模越大的家族企业越有可能进行慈善捐赠；股权制衡度与企业慈善捐赠行为有正相关关系（系数为 0.006，$p<0.1$），表明家族企业制衡度越高，企业越有可能进行慈善捐赠；冗余资源与企业慈善捐赠行为有正相关关系（系数为 0.254，$p<0.01$），表明家族企业的冗余资源越多，企业越有可能进行慈

表 3-4　　　　　　　　　　　　　　相关性分析结果

	1.Donation	2.LnDonation	3.Fo	4.Fdr	5.Dur	6.Size	7.Lev	8.ROA	9.Ad	10.Pc	11.Do	12.Z	13.Slack
1	1												
2	0.9579***	1											
3	0.0585***	0.0487**	1										
4	-0.0233	-0.0274	0.0208	1									
5	0.0074*	0.0340*	-0.2386***	-0.0435	1								
6	0.2988***	0.3796***	-0.0283	-0.0828**	0.3171***	1							
7	-0.0672***	-0.0480**	-0.0587***	-0.0312	0.0935***	0.0155	1						
8	0.0284	0.0402*	0.0411	-0.0189	-0.0209	0.0276	0.0125	1					
9	-0.0312	-0.0316	0.0332	0.0009	-0.0218	-0.0288	-0.0099	0.0162	1				
10	0.1195***	0.1374***	-0.0131	0.0705***	0.1023***	0.0412***	-0.0216	0.0179	-0.0294	1			
11	0.1026***	0.1233***	-0.0792***	0.0938***	0.2140***	0.2462***	-0.0432	-0.0048	0.0120	0.1726***	1		
12	0.0768***	0.0723***	-0.485***	0.0437	-0.1346***	-0.1235**	-0.0373	0.0567**	0.0160	-0.0575***	-0.0396*	1	
13	0.0095	-0.0174***	0.1077***	-0.0015	-0.0971***	-0.1959*	-0.2915**	0.0056	0.0297	-0.0707***	-0.0039	0.0345	1

注：* $p<0.1$，** $p<0.05$，*** $p<0.01$。

善捐赠行为；资产负债率与企业慈善捐赠行为显著负相关（系数为 -1.903，$p<0.01$），表明企业融资负债越高，偿债压力越大，因此，企业就不太可能进行慈善捐赠行为；股权制衡度和冗余资源的交互项与企业慈善捐赠行为负相关（系数为 -0.012，$p<0.01$），表明家族企业的慈善捐赠行为受家族企业的股权制衡度和冗余资源两个维度的影响。

然后看模型 2，加入家族涉入的三个变量，以检验家族涉入各个变量对企业慈善捐赠行为的影响。从表 3-5 中可以看出，家族涉入对慈善捐赠行为基本是正向影响，Pseudo R^2 为 0.1216。家族所有权比例（Fo）与慈善捐赠行为显著正相关（系数为 0.011，$p<0.05$）；家族成员进入董事会比例（Fdr）与慈善捐赠行为正相关，但不显著；家族控制持续时间与慈善捐赠行为显著正相关（系数为 0.033，$p<0.01$）。综合可得出，家族涉入与慈善捐赠行为显著正相关，因此，假设 1a、1c 基

表 3-5 　　　　　　　　　　　　Logit 回归分析结果

变量	模型 1 Donation	模型 2 Donation	模型 3 Donation	模型 4 Donation	模型 5 Donation
企业规模	0.712*** (0.102)	0.790*** (0.107)	0.746*** (0.105)	0.795*** (0.108)	0.787*** (0.108)
资产负债率	-1.903*** (0.323)	-1.757*** (0.325)	-1.538*** (0.333)	-1.768*** (0.328)	-1.806*** (0.327)
资产收益率	0.076 (0.137)	0.073 (0.137)	0.074 (0.135)	0.067 (0.134)	0.065 (0.134)
广告强度	-0.039 (0.139)	-0.068 (0.150)	-0.071 (0.152)	-0.074 (0.153)	-0.096 (0.164)
企业主政治身份	0.315*** (0.116)	0.335*** (0.118)	0.327*** (0.118)	0.332*** (0.119)	0.336*** (0.118)
企业主年龄	-0.005 (0.007)	0.0004 (0.007)	0.003 (0.007)	0.0008 (0.007)	0.0009 (0.007)
股权制衡度	0.006* (0.004)	0.016*** (0.005)	0.326** (0.166)	0.014*** (0.006)	0.012** (0.005)
冗余资源	0.254*** (0.075)	0.217*** (0.076)	0.217*** (0.076)	0.202*** (0.077)	0.016** (0.082)
股权制衡度*冗余资源	-0.012*** (0.003)	-0.011*** (0.003)	-0.010*** (0.003)	-0.013*** (0.004)	0.012*** (0.004)
所有权比例		0.011** (0.005)	0.013*** (0.006)	0.013*** (0.005)	0.012** (0.005)
进入董事会比例		0.501 (0.649)	0.500 (0.656)	0.761 (0.677)	0.903 (0.682)
控制持续时间		0.033*** (0.012)	0.026** (0.013)	0.028** (0.012)	-0.024*** (0.012)

续表

变量	模型1 Donation	模型2 Donation	模型3 Donation	模型4 Donation	模型5 Donation
所有权比例*股权制衡度			0.016***	0.005**	0.003**
			(0.006)	(0.004)	(0.004)
进入董事会比例*股权制衡度			1.769**	0.547*	0.708*
			(0.832)	(0.596)	(0.610)
控制持续时间*股权制衡度			0.023*	0.008	0.009
			(0.013)	(0.010)	(0.010)
所有权比例*冗余资源				0.0004**	0.003**
				(0.0002)	(0.001)
进入董事会比例*冗余资源				0.069	0.135*
				(0.050)	(0.191)
控制持续时间*冗余资源				0.0002***	0.0096***
				(0.0008)	(0.003)
所有权比例*股权制衡度*冗余资源					0.004*
					(0.001)
进入董事会比例*股权制衡度*冗余资源					0.010*
					(0.0005)
控制持续时间*股权制衡度*冗余资源					0.0006***
					(0.0002)
常数项	−13.143***	−14.287***	−14.374***	−14.558***	−14.458***
	(2.132)	(2.212)	(2.229)	(2.241)	(2.249)
年份	控制	控制	控制	控制	控制
行业	控制	控制	控制	控制	控制
观测值	2015	2015	2015	2015	2015
Pseudo R^2	0.1201	0.1216	0.1274	0.1283	0.1286
Chi2	276.19***	281.26***	294.43***	296.65***	297.24***

注：* $p<0.1$，** $p<0.05$，*** $p<0.01$，括号中为标准误。

本得到支持。股权制衡度与慈善捐赠行为显著正相关（系数为 0.016，p＜0.01），假设 2 得到验证；冗余资源与慈善捐赠行为显著正相关（系数为 0.217，p＜0.01），假设 3 得到验证。

再看模型 3，在家族涉入三个变量基础上加入股权制衡度调节变量，股权制衡度正向调节家族涉入与慈善捐赠行为的关系，Pseudo R^2 为 0.1274。家族所有权比例（Fo）与股权制衡度（Z）的交互项系数为 0.016，并在 0.01 水平上显著，表明股权制衡度正向调节家族所有权比例与慈善捐赠行为的关系；家族成员进入董事会比例（Fdr）与股权制衡度（Z）的交互项系数为 1.769，并在 0.05 水平上显著，表明股权制衡度正向调节家族成员进入董事会比例与慈善捐赠行为的关系；家族控制持续时间（Dur）与股权制衡度（Z）的交互项系数为 0.023，并在 0.1 水平上显著，由此可知，股权制衡度正向调节家族涉入与慈善捐赠行为的关系。假设 4 及假设 4a、4b、4c 得到验证。

再看模型 4，加入了冗余资源调节变量，由表 3-5 中数据可以看出，冗余资源正向调节家族涉入与慈善捐赠行为的关系，Pseudo R^2 为 0.1283。家族所有权比例（Fo）与冗余资源（Slack）的交互项系数为 0.0004，并在 0.05 水平上显著，表明冗余资源正向调节家族所有权比例与慈善捐赠行为的关系；家族成员进入董事会比例（Fdr）与冗余资源（Slack）的交互项系数为正，但不显著；家族控制持续时间（Dur）与冗余资源（Slack）的交互项系数为 0.0002，并在 0.01 水平上显著，表明冗余资源正向调节家族控制持续时间与慈善捐赠行为的关系。综合来看，冗余资源正向调节家族涉入与慈善捐赠行为的关系。假设 5 及假设 5a、5c 基本得到验证。

最后看模型 5，加入股权制衡度和冗余资源两个变量的调节效应，股权制衡度、冗余资源与家族涉入三个变量的交互项系数都显著为正，说明家族涉入与慈善捐赠受股权制衡度和冗余资源两个变量的共同影响。

3.7.3.2 第二阶段 Tobit 回归分析结果

为了进一步检验假设中家族涉入与慈善捐赠金额的关系及股权制衡度和冗余资源对其的调节作用，本书又采用 Tobit 方法进行回归分析，模型回归结果如表 3-6 所示。

表 3-6   **Tobit 回归分析结果**

变量	模型 1 Donation	模型 2 Donation	模型 3 Donation	模型 4 Donation	模型 5 Donation
企业规模	1.296***	1.457***	2.157***	2.143***	2.176***
	(0.249)	(0.266)	(0.171)	(0.171)	(0.172)
资产负债率	−0.549**	−0.485*	−0.570**	−0.582**	−0.610**
	(0.267)	(0.263)	(0.263)	(0.263)	(0.263)
资产收益率	0.234	0.235	0.337	0.333	0.336
	(0.288)	(0.288)	(0.286)	(0.286)	(0.285)
广告强度	−0.207	−0.229	−0.515**	−0.516**	−0.503**
	(0.262)	(0.261)	(0.245)	(0.245)	(0.245)
企业主政治身份	0.393*	0.486*	0.509*	0.508*	0.503*
	(0.309)	(0.312)	(0.311)	(0.316)	(0.311)
企业主年龄	0.002	0.016	0.018	0.018	0.015
	(0.023)	(0.024)	(0.024)	(0.024)	(0.024)
股权制衡度	0.230*	0.011*	0.788*	0.794*	0.712*
	(0.173)	(0.007)	(0.440)	(0.441)	(0.441)
冗余资源	0.743***	0.692***	0.006	0.002	0.095*
	(0.204)	(0.205)	(0.049)	(0.049)	(0.062)
股权制衡度* 冗余资源	0.013*	0.006***	0.104*	0.062	−0.197
	(0.007)	(0.002)	(0.062)	(0.076)	(0.147)
所有权比例		0.022**	0.043***	0.041***	0.040***
		(0.012)	(0.015)	(0.015)	(0.015)
进入董事会比例		0.199	0.498	0.395	−0.035
		(2.281)	(2.288)	(2.265)	(2.271)
控制持续时间		0.053*	0.044*	0.062*	0.066*
		(0.039)	(0.041)	(0.039)	(0.040)

变量	模型 1 Donation	模型 2 Donation	模型 3 Donation	模型 4 Donation	模型 5 Donation
所有权比例*股权制衡度			0.034**	0.034**	0.027*
			(0.016)	(0.016)	(0.016)
进入董事会比例*股权制衡度			6.734***	6.858***	5.333***
			(1.923)	(0.138)	(0.139)
控制持续时间*股权制衡度			0.071**	0.072**	0.049*
			(0.030)	(0.031)	(0.032)
所有权比例*冗余资源				0.005*	0.060*
				(0.005)	(0.005)
进入董事会比例*冗余资源				0.218	0.380
				(0.702)	(0.711)
控制持续时间*冗余资源				0.019*	0.018***
				(0.010)	(0.010)
所有权比例*股权制衡度*冗余资源					0.016**
					(0.006)
进入董事会比例*股权制衡度*冗余资源					1.611*
					(0.898)
控制持续时间*股权制衡度*冗余资源					0.029*
					(0.018)
常数项	−18.42***	−22.63***	−37.48***	−37.19***	−37.76***
	(5.211)	(5.705)	(3.659)	(3.664)	(3.676)
年份	控制	控制	控制	控制	控制
行业	控制	控制	控制	控制	控制
观测值	2 015	2 015	2 015	2 015	2 015
Pseudo R^2	0.1384	0.1420	0.1435	0.1404	0.1470
Chi2	268.39***	276.34***	292.77***	294.70***	303.50***

注：* $p<0.1$，** $p<0.05$，*** $p<0.01$，括号中为标准误。

从表3-6可以看出，就模型1，在企业主层面上，家族企业主的政治身份对企业慈善捐赠有积极影响（系数为0.393，p<0.1），也就是说企业主如果是人大代表或政协委员，该家族企业就会更多地进行慈善捐赠；企业规模对企业慈善捐赠金额有显著正向影响（系数为1.296，p<0.01），表明资产规模越大的家族企业慈善捐赠越多；股权制衡度与企业慈善捐赠是正相关关系（系数为0.230，p<0.1），表明家族企业股权制衡度越高，慈善捐赠越多；冗余资源与企业慈善捐赠是正相关关系（系数为0.743，p<0.01），表明家族企业的冗余资源越多，企业进行慈善捐赠越多；资产负债率与企业慈善捐赠显著负相关（系数为-0.549，p<0.05），表明企业的资产负债率越高，受到债权人的监督越多，因此，企业的慈善捐赠越少；股权制衡度和冗余资源的交互项与企业慈善捐赠正相关（系数为0.013，p<0.1），表明家族企业的慈善捐赠受家族企业的股权制衡度和冗余资源两个维度的影响，Tobit回归方法再次验证了以上结论。

然后看模型2，加入家族涉入的三个变量，以检验家族涉入各个变量对企业慈善捐赠金额的影响。从表3-6中可以看出，家族涉入对慈善捐赠金额基本是有积极影响的，Pseudo R^2 为0.1420。家族所有权比例（Fo）与慈善捐赠金额显著正相关（系数为0.022，p<0.05），家族成员进入董事会比例（Fdr）与慈善捐赠正相关，但不显著；家族控制持续时间与慈善捐赠金额显著正相关（系数为0.053，p<0.1）。综合可得出，家族涉入与慈善捐赠金额显著正相关，因此，假设1及假设1a、1c基本得到支持。股权制衡度与慈善捐赠金额显著正相关（系数为0.011，p<0.1），说明家族企业制衡度越强，家族企业慈善捐赠越多，假设2得到验证；冗余资源与慈善捐赠金额显著正相关（系数为0.692，p<0.01），说明家族企业冗余资源越多，家族企业慈善捐赠越多，假设3得到验证。Tobit回归方法再次验证了假设1、假设2和假设3。

再看模型3，在家族涉入三个变量基础上加入股权制衡度调节变量，股权制衡度正向调节家族涉入与慈善捐赠的关系，Pseudo R^2 为0.1435。家族所有权比例（Fo）与股权制衡度（Z）的交互项系数为

0.034，并在 0.05 水平上显著，表明股权制衡度正向调节家族所有权比例与慈善捐赠金额的关系；家族成员进入董事会比例（Fdr）与股权制衡度（Z）的交互项系数为 6.734，并在 0.01 水平上显著；家族控制持续时间（Dur）和股权制衡度（Z）的交互项系数为 0.071，并在 0.05 水平上显著。由此可知，股权制衡度正向调节家族涉入与慈善捐赠金额的关系。假设 4 及假设 4a、4b、4c 得到验证。Tobit 回归方法再次验证了假设 4。

再看模型 4，加入了冗余资源调节变量，由表 3-6 中数据可以看出，冗余资源正向调节家族涉入与慈善捐赠行为的关系，Pseudo R^2 为 0.1404。家族所有权比例（Fo）与冗余资源（Slack）的交互项系数为 0.005，并在 0.1 水平上显著，表明冗余资源正向调节家族所有权比例与慈善捐赠金额的关系；家族成员进入董事会比例（Fdr）与冗余资源（Slack）的交互项系数为正，但不显著；家族控制持续时间（Dur）与冗余资源（Slack）的交互项系数为 0.019，并在 0.1 水平上显著，表明冗余资源正向调节家族控制持续时间与慈善捐赠金额的关系。综合来看，冗余资源正向调节家族涉入与慈善捐赠金额的关系。假设 5 及假设 5a、5c 基本得到验证。Tobit 回归方法再次基本验证了假设 5。

最后看模型 5，加入股权制衡度和冗余资源两个变量的调节效应，股权制衡度、冗余资源与家族涉入三个变量的交互项系数都显著为正，说明家族涉入与慈善捐赠受股权制衡度和冗余资源两个变量的共同影响。

本书创造性地运用象限分析法，探讨在不同股权制衡度和冗余资源的四种类型的家族企业情况下，家族涉入与慈善捐赠之间的关系，进一步揭示家族企业进行慈善捐赠行为的资源分配决策的因素。这部分内容会在下面进行论述。

3.7.3.3 固定效应模型回归分析

为了验证假设 6 和假设 7，本书采用了象限分析框架（图 3-1），将处于不同象限的企业分组进行固定效应回归分析。本书选取了上市家族企业 2005—2014 年的非平衡面板数据，使用面板数据建立计量经济模型，验证在不同股权制衡度和冗余资源时家族涉入与慈善捐赠的关系。作者在选择分析模型时，进行了 Hausman 检验，而 Hausman 检验拒绝原假设，这意味着，使用面板数据的固定效应比较合理，因此，该部分决定采用固定效应模型。具体回归结果如表 3-7 所示。当家族企业是第一种类型企业，即 Z＞70.7% 和 Slack＞1.658，具体来说，家族企业的股权制衡度大于 70.7%、冗余资源大于 1.658 时，家族企业属于股权制衡度强、冗余资源丰富的企业，家族涉入与慈善捐赠基本是正相关关系，家族所有权比例越高，则企业慈善捐赠越多（系数为 0.037，p＜0.1）；家族成员进入董事会比例与企业慈善捐赠是正相关，但不显著；家族控制持续时间越长，则企业慈善捐赠越多（系数为 0.128，p＜0.1）。由此可知，假设 6 及假设 6a、6c 基本得到支持。当家族企业是第二种类型企业，即 Z＞70.7% 和 Slack＜1.658，具体来说，家族企业的股权制衡度大于 70.7%、冗余资源小于 1.658 时，家族企业属于股权制衡度高、冗余资源匮乏的企业，但家族企业主因为社会情感财富的存在，仍会进行慈善捐赠行为，家族涉入对慈善捐赠是有积极影响的，但只有家族所有权比例对慈善捐赠的影响是显著的（系数是 0.062，p＜0.05），家族成员进入董事会比例和家族控制持续时间对慈善捐赠有正向作用，但不显著，假设 7 部分得到验证，假设 7a 得到了验证，假设 7b 和假设 7c 没有得到验证。当家族企业是第三种类型企业，即 Z＜70.7% 和 Slack＞1.658，具体来说，家族企业的股权制衡度小于 70.7%、冗余资源大于 1.658 时，家族涉入与慈善捐赠的关系不确定，由表 3-7 中数据可知，在这种类型的企业中，家族涉入与慈善捐赠的关系不确定。当家族企业是第四种类型企业，即 Z＜70.7% 和 Slack＜1.658，具体来说，家族企业的股权制衡度小于 70.7%、冗余资源小于 1.658 时，家族企业属于股权制衡度较低、冗余资源匮乏的企业，家族涉入中所有权比例与慈善捐赠显著正相关（系数为 0.127，p＜0.01），家族涉入中家族控制持续时间与慈善捐赠显著正相关（系数为 0.272，p＜0.05）。

通过以上的实证分析，本章中的研究假设大部分得到了验证，汇总前文提及的研究假设，验证结果如表 3-8 所示。

表 3-7   四种类型企业家族涉入与慈善捐赠回归结果分析

	解释变量：LnDonation			
	Z＞70.7%	Z＞70.7%	Z＜70.7%	Z＜70.7%
	Slack＞1.658	Slack＜1.658	Slack＞1.658	Slack＜1.658
企业规模	2.489**	2.189***	2.162***	2.379***
	（0.387）	（0.321）	（0.314）	（0.385）
资产负债率	−2.705	−0.090	−0.885	−3.003
	（2.089）	（0.368）	（0.770）	（1.999）
资产收益率	10.352**	0.968**	7.330**	3.349***
	（3.247）	（0.490）	（3.436）	（1.133）
广告强度	6.218**	−0.917	−0.534**	−2.921
	（2.987）	（2.857）	（0.267）	（3.200）
企业主政治身份	1.734***	0.163*	0.460	0.339
	（0.579）	（0.602）	（0.619）	（0.605）
企业主年龄	0.009	0.102	−0.018	−0.016
	（0.038）	（0.043）	（0.044）	（0.048）
所有权比例	0.037*	0.062**	−0.007	0.127***
	（0.021）	（0.034）	（0.041）	（0.035）
进入董事会比例	0.247	3.185	2.047	−1.364
	（3.897）	（4.031）	（8.430）	（7.408）
控制持续时间	0.128*	0.034	0.210	0.272**
	（0.068）	（0.071）	（0.190）	（0.136）
常数项	−44.956***	−44.419***	−38.243***	−36.755***
	（7.270）	（6.421）	（6.461）	（7.875）
年份	控制	控制	控制	控制
行业	控制	控制	控制	控制
F	3.77***	2.53***	1.98***	3.16***
观测值	520	489	518	488
R−squared	0.2197	0.2533	0.1744	0.1637

注：* $p<0.1$，** $p<0.05$，*** $p<0.01$，括号中为标准误。

表 3-8   研究假设验证情况汇总表

研究假设		是否验证
假设 1	家族涉入对慈善捐赠有积极影响	部分验证
假设 1a	家族涉入所有权比例对慈善捐赠有积极影响	是
假设 1b	家族成员进入董事会席位比例对慈善捐赠有积极影响	否
假设 1c	家族控制持续时间对慈善捐赠有积极影响	是
假设 2	股权制衡度对家族企业慈善捐赠有积极影响	是
假设 3	冗余资源对家族企业慈善捐赠有积极影响	是
假设 4	股权制衡度正向调节家族涉入与慈善捐赠的关系	全部验证
假设 4a	股权制衡度正向调节家族涉入所有权比例与慈善捐赠的关系	是
假设 4b	股权制衡度正向调节家族成员进入董事会席位比例与慈善捐赠的关系	是
假设 4c	股权制衡度正向调节家族控制持续时间与慈善捐赠的关系	是
假设 5	冗余资源正向调节家族涉入与慈善捐赠的关系	部分验证
假设 5a	冗余资源正向调节家族涉入所有权比例与慈善捐赠的关系	是
假设 5b	冗余资源正向调节家族成员进入董事会席位比例与慈善捐赠的关系	否
假设 5c	冗余资源正向调节家族控制持续时间与慈善捐赠的关系	是
假设 6	冗余资源高、股权制衡度高的家族企业，家族涉入与慈善捐赠是显著正相关关系	部分验证
假设 6a	冗余资源高、股权制衡度高的家族企业，家族所有权比例与慈善捐赠是显著正相关关系	是
假设 6b	冗余资源高、股权制衡度高的家族企业，家族成员进入董事会席位比例与慈善捐赠是显著正相关关系	否
假设 6c	冗余资源高、股权制衡度高的家族企业，家族控制持续时间与慈善捐赠是显著正相关关系	是
假设 7	冗余资源低、股权制衡度高的家族企业，家族涉入与慈善捐赠是显著正相关关系	部分验证
假设 7a	冗余资源低、股权制衡度高的家族企业，家族所有权比例与慈善捐赠是显著正相关关系	是
假设 7b	冗余资源低、股权制衡度高的家族企业，家族成员进入董事会席位比例与慈善捐赠是显著正相关关系	否
假设 7c	冗余资源低、股权制衡度高的家族企业，家族控制持续时间与慈善捐赠是显著正相关关系	否

3.8 发现与讨论

综合以上讨论，可以得出：（1）家族涉入与企业慈善捐赠基本是正相关关系，家族涉入中家族所有权比例和家族控制持续时间与企业慈善捐赠是显著正相关关系。基于 SEW 角度分析，家族涉入程度越高，家族成员和公司的关系越紧密，企业主就有更强动机通过慈善捐赠等这种自保行为来保护和增强家族社会情感财富（Dou et al.，2014），家族企业履行慈善捐赠等社会责任行为能为企业积累道德和声誉资本（Godfrey，2005）。家族拥有所有权比例越高，家族控制持续时间越长，家族就有越多的企业战略决策权，企业主越希望家族文化能传承和延续下去，家族慈善是家族财富的传承方式，能保护家族成员的社会情感财富，让家族企业持续发展。（2）股权制衡度、冗余资源与家族企业慈善捐赠之间是显著正相关关系。股权制衡度越高，股东和家族成员等的目标越趋于一致，根据模仿同构理论逻辑（DiMaggio，Powell，1983），家族企业会从股东和家族成员的利益出发进行更多的慈善捐赠行为。企业慈善捐赠行为是需要消耗资源的，一旦家族企业有丰富的冗余资源，家族企业会更愿意进行慈善捐赠等有社会影响力的活动。（3）股权制衡度正向调节家族涉入与企业慈善捐赠的关系。股权制衡度高的家族企业，大股东自身对企业管理的监督能力和动机会更强烈，这有利于发挥家族企业管理层的经营决策能力，使之更加科学（Makhijia，Patton，2004）。股东和家族企业的目标趋同，股东会支持企业董事的战略决策，因为绝多大数家族企业所有权和经营权仍掌握在家族手中（陈凌等，2011），企业主会有更强动机去进行慈善捐赠以保护家族社会情感财富。本书得出结论：股权制衡度强化家族涉入与企业慈善捐赠的正效应关系。（4）冗余资源正向调节家族涉入与企业慈善捐赠的关系。家族涉入程度越高的企业，为了让企业更具合法性，往往会参加更多的慈善捐赠等有社会影响力的活动，只有企业有更多的潜在资源才能使这些活动顺利开展。冗余资源的重要作用就在于为家族企业能顺利开展这些活动提供了可能。通过实证得出结论：冗余资源强化家族所有权比例与企业慈善捐赠的正效应关系，冗余资源强化家族控制持续时间与企业慈善捐赠的正效应关系。（5）在股权制衡度和冗余资源两个维度上，由实证结果显示：冗余资源高、股权制衡度高的家族企业，家族涉入的两个变量指标与慈善捐赠显著正相关；冗余资源低、股权制衡度高的家族企业，家族涉入的一个变量与企业慈善捐赠显著正相关；而冗余资源低、股权制衡度低的家族企业，家族涉入中家族所有权比例和家族控制持续时间与企业慈善捐赠有正效应关系。本书认为，这主要是因为家族企业与国有企业、外资企业不同，国有企业、外资企业能获得国家政策上的支持，有天然的合法性，而家族企业缺乏这种天然合法性，即使家族企业冗余资源缺乏，股权制衡度低，家族企业仍希望通过慈善捐赠的方式获得公众和政府等外部利益相关者的认可。

以往关于家族企业慈善捐赠的研究文献主要聚焦于代理理论和利益相关者理论，本书结合社会情感财富理论，研究了股权制衡度、冗余资源对家族涉入与企业慈善捐赠关系的调节作用，研究结论对企业社会责任领域的文献有所贡献。本书发现，股权制衡度正向调节家族涉入与企业慈善捐赠的关系，冗余资源正向调节家族涉入与企业慈善捐赠的关系，以股权制衡度和冗余资源两个维度界定不同类型的家族企业，家族涉入与慈善捐赠的关系会有所不同。研究结果的一个重要启示是，家族涉入与慈善捐赠的关系不单是正向关系或负向关系。对于股权制衡度和冗余资源不同的家族企业，家族涉入与企业慈善捐赠的关系有差别，家族进行慈善捐赠是有其家族动机的。家族企业为保护社会情感财富，为家族传承发展而进行慈善捐赠，将慈善和家族企业结合，为家族企业设立一套家族慈善运行机制，这样，家族成员收获的不仅是家族企业的财富，同时，还有家族文化、价值观的传承和延续，通过家族慈善建立一个长远的家族传承机制。

第4章　制度环境对家族涉入与企业慈善捐赠关系的影响

4.1　引言

　　上一章运用计量分析方法研究家族涉入与企业慈善捐赠的关系及股权制衡度和冗余资源对其的调节效应，并得出了有价值的结论。但上一章内容主要针对的是企业内部环境变化对家族涉入与企业慈善捐赠关系的影响，企业并非生存在真空的环境中，而是嵌入在政府和产业的具体情境之中。组织既在不同的系统和网络中承担着不同的社会角色，同时，也被制度化过程影响，对制度化过程做出适当的反应。中国家族企业在经济发展中一直处于弱势地位，面对制度环境变化，不断寻求自保（Self-insurance）行为，以获得合法性。宏观制度环境究竟如何影响家族涉入与企业慈善捐赠的关系呢？制度环境中的政府与市场的关系，各级政府的行政效率以及市场中介组织的发育等在家族企业涉入程度与企业承担社会责任的关系中起什么作用呢？要解决这些问题，我们需要进一步探索制度环境的各个层面，深入剖析制度环境的不同维度在家族涉入和企业慈善捐赠过程中的作用。

以 Scott 为代表的组织社会制度理论分析框架将制度环境分为规制制度环境、规范制度环境与认知制度环境三个维度。规制制度（Regulative Institutions）是指与政府的强制权力相关（强制权力要有效果，必须进行有效的监督和重要的制裁、惩罚）的制度性安排，规制制度的影响——制度化的程度高低——会因这些机制而变化。规范制度（Normative Institutions）是指约束组织和个人行为规则和行为标准等因素，如发放资格认证、行业协会等。发放资格认证是一种以向该产业提供和推广较高要求为目标的规范性过程（Somers，1969）。认知制度（Cognitive Institutions）是指引导组织和个人行为的、内化于个体的、理所当然（Take-for-granted）的价值观和信仰，是共同认知下的普遍接受的过程。正如 Du，Lu 和 Tao（2008）所指出的，虽然中国是高度集中的国家，但地区的制度环境差异很大。由于中国地域广阔，各地区的经济状况具有不同的地方特色，造成各地区的制度环境变化途径各不相同，因此，不同地区的规制制度和规范制度环境差别较大。认知制度环境可被看成是一种公众对家族企业慈善捐赠的认可过程和评价，因此，每个家族企业的认知制度环境也存在很大差异。本章主要讨论 Scott（1995）所提出的制度三大支柱系统模型对家族涉入与企业慈善捐赠关系的影响的差异。

4.2　理论基础与研究假设

4.2.1　规制制度环境对家族涉入与企业慈善捐赠关系的影响

组织是嵌入在制度环境中的，其在获取、积累和利用资源过程中必会受到制度的约束（Oliver，1999）。根据 Scott 的制度三大支柱系统理论分析框架，规制制度主要来自政府管制政策（法律法规和某些权威组织所颁布的），通过具有支配性的机构强加于组织，影响组织的未来发展，因此，组织有动力与法律法规的权威和行业标准保持一致，为组织获取其生存和成长所需要的其他资源，最终获得合法性。家族企业对制度环境的变迁更敏感，会更有强烈动机与国家权威机构颁布的规则、标准保持一致。

在一个规制制度较强的地区，政府的法律法规健全，行政监管有力，政府对当地经济活动干预很少，行政效率较高，有利于保护社会各个群体的利益（孙铮等，2005）。这样的环境也有利于保护私有财产，促进家族企业的发展。在这种环境中，企业的资源更多是基于市场配置的，政府对企业的干预很少，充分发展市场机制的作用，政府起到服务的作用。中国家族企业是随着经济发展而发展起来的，其行为特征与制度环境密切相关。在规制制度环境处于较强水平时，家族企业能得到政府的支持和保护，家族所有权比例越高，企业主保护财富的愿望越强烈。由于法律对私有产权保护界定明确，私营的家族企业自身合法性得到保障，家族企业会更愿意承担社会责任，以传承家族企业的价值观，让企业持续发展下去。当家族企业发生不履行社会责任的行为时，高效公正的政府和机构会对此类企业进行惩罚，使履行社会责任的家族企业得到表扬和奖励。当法律对私有产权保护界定明确，政府行政效率较高时（孙铮等，2005），更大的家族所有权比例使企业主可以凭借其地位行使不受限制的自由裁量权（Anderson & Reeb，2003），进而会采用更多的慈善捐赠履行社会责任。

当规制制度环境处于较低水平时，银行信贷资源不是按照市场配置的，私营企业很难获得急需的银行资金（Allen et al.，2005），家族企业很难从正规渠道获得资金（家族企业要么是家族成员提供资金，要么从高利贷市场上获得资金），因此，家族企业的生存都是问题，根本没有过多精力考虑长久发展，这种无奈的情况必然造成家族企业处于险境。有的家族企业为短期利益而采取生产假冒伪劣产品或者污染环境等违背社会责任的行为来生存，在这种情景下，家族涉入企业会给家族企业带来更多负担而非优势，企业主无暇关注企业的长期发展战略。

综上分析，在规制制度环境越好的地区，政府行政效率较强，市场化水平较高，政府对企业的干预越少，企业的资源主要基于市场配置，完善的规制制度环境保障了家族企业的蓬勃发展，企业主会回馈社会，主动承担更多的企业社会责任，包括慈善捐赠。

治理制度基础设施相对完善，有利于企业的外部利益相关者（External Stakeholders）监管机制的有效形成（Campbell，2007）。完善的政治环境有利于健全企业信息披露机制，促进政府、消费者等其他外部利益相关者了解企业履行社会责任的情况（Grant，1977），因此，规制制度健全促进企业履行社会责任行为。对于家族企业来说，家族企业会更加与权威机构规制和理所当然（Take-for-granted）的标准一致，以获得合法性。家族成员进入企业董事会比例越高，越会促进家族实施企业慈善捐赠，因为在家族企业的董事会中有家族成员也有非家族管理者，当家族企业主的战略决策使家族成员受益而不利于非家族管理者时，非家族管理者可能会排斥决策的实施。而如果家族成员在董事会比例越高，家族企业主的决策（如慈善捐赠）越易通过。在法律、法规等不完善的地区，企业违背社会责任行为的机会成本会很低，国家的奖惩机制不健全，企业违背道德而不履行社会责任也不会受到应有的惩罚，那么，家族企业主会逃避责任，减少履行慈善捐赠。因此，规制制度环境会影响家族成员进入董事会比例与慈善捐赠的关系。

家族控制持续时间越长，家族企业主对企业的感情越深，使家族的影响力和实力增强，提高了企业实施慈善捐赠行为的能力。在规制制度环境较好的地区，政府职能的转化使家族企业的合法性增强，家族企业主认为家族成员的财富得到了保障，希望将家族企业的文化和价值观延续和传承下去，更有强烈动机履行慈善捐赠等有社会影响力的活动。当规制制度环境处于较低的水平时，政府对企业的经济行为会进行过多干预，使私营企业生存空间变小，家族企业只能在资源竞争激烈的行业中挣扎生存。产品市场发育不完善扭曲了市场供求关系，造成民营企业在产品市场上竞争力不足，政府行政效率较低等抑制了民营企业对市场需求的反应，在这种规制制度环境下，随着家族企业控制持续时间的延长，家族企业难以应对外界不利的制度环境，企业主步履维艰，经营企业的压力越来越大，有些企业主选择出让家族所有权，有些企业主甚至选择结束经营。此时，家族涉入企业可能会给家族带来负面影响，甚至会降低家族的社会情感财富。因此，此时企业主不可能考虑慈善捐赠战略决策。

略决策。

综上所述，本书提出以下假设：

假设8：规制制度正向调节家族涉入与企业慈善捐赠的关系。表现为：当企业所处地区的规制制度水平较高时，家族涉入与企业慈善捐赠的正相关关系增强。

假设8a：规制制度正向调节家族所有权比例与企业慈善捐赠的关系。表现为：当企业所处地区的规制制度水平较高时，家族所有权比例与企业慈善捐赠的正相关关系增强。

假设8b：规制制度正向调节家族成员进入董事会比例与企业慈善捐赠的关系。表现为：当企业所处地区的规制制度水平较高时，家族成员进入董事会比例与企业慈善捐赠的正相关关系增强。

假设8c：规制制度正向调节家族控制持续时间与企业慈善捐赠的关系。表现为：当企业所处地区的规制制度水平较高时，家族控制持续时间与企业慈善捐赠的正相关关系增强。

4.2.2 规范制度环境对家族涉入与企业慈善捐赠关系的影响

规范制度体现了社会生活中的制度还存在说明性、评价性和义务性的维度，即社会规范、价值观确定了社会所期望的行为（Scott，1995），使得这种必须遵循的某些行为准则和规范是出于内在信念和价值观，与强制性的规制制度相比，规范制度更为隐蔽和无形。规范制度规定了事情该如何完成，并规定达到目标的合法方式或手段。规范制度对社会行为施加了一种限制，对社会行为具有使能作用（Scott，2008）。具体来说，组织会受到同行业的规范标准、行业协会、劳工组织和环境保护组织或消费者权益保护协会及其他外部利益相关者的压力。某些价值观或规范可能针对的是一个集体的所有成员，但有些只针对特定的行为人或职位类型。组织在相互联系的环境中，模仿行业中的成熟企业的做法，降低自身所遇到的市场不确定性，同时获得在行业内的生存权。模仿同构（Mimetic Isomorphism）是指当组织的目标不明确、技术缺乏时，组织所面临的市场环境是不确定的，组织会模仿同行业中成功企业的做法，降低不确定性，控制风险，因而，行业中新进入者更有机会来学习和模仿行业内现有企业的成功做法（DiMaggio & Powell，1983），以获得合法生存。

由以上论述可知，规范制度主要从价值观体系和行为规范准则两个方面对企业进行约束，基于此，我们可以从行业规则和非营利组织两个方面讨论规范制度对家族涉入与企业慈善捐赠关系的影响。

规制制度主要依靠政府的权威性，具有强制性，而规范制度不同于规制制度，它更多的是依赖行业协会的标准，要求行业内成员遵守规则，建立起行业的规范机制（Regulatory Mechanism），以保证公平竞争和产品质量等。在一定的情况下，行业协会的压力能有效监督企业履行社会责任的行为。比如，律师、会计师等行业具有较强的规范标准，对组织成员的职业道德行为具有明确、严谨的要求，并且还具有对应的制裁措施（Scott，2008）。如果行业协会成员违反了行业规范，做出违背社会责任的行为，不仅要受到行业协会的处罚，还会使其声誉受到影响。而当其积极响应政策履行社会责任时，协会会给予一定的奖励。

当社会上的规范制度完善，如会计、律师等行业协会健全，这些非营利性组织的成熟运作会影响企业的社会责任战略，一方面是通过媒体或网络等社会载体将企业履行社会责任义务的期望和理念反馈给社会；另一方面通过非营利组织制度的各种规范和标准约束并监督企业履行社会责任（沈奇泰松，2010）。对于家族企业来说，这种非营利性组织的成熟运作更能促进企业主履行社会责任，因为家族企业非常关注外部利益相关者（External Stakeholders）对其的评价，家族企业所有权比例越高，企业主保护家族财富的愿望越强烈。在完善的规范制度环境下，家族企业主会积极履行社会责任，以获得合法性。家族企业所有权比例越高的企业，受到协会等组织的关注越多，它们会越多地投入慈善捐赠并用非营利组织制定的规范和标准约束自身行为，并接受非营利组织的监督。因此，在企业运行的高水平的规范制度环境中，家族所有权比例和企业慈善捐赠的正相关关系增强。

完善的非营利组织运行机制会有利于促进媒体及时、快捷地将企业履行社会责任的信息反馈出来，让企业外部利益相关者及时了解企业的道德行为，积极履行企业社会责任的企业会得到外部利益相关者的认可，有利于消费者购买该企业的产品，也有利于供应商与企业合作。对于家族企业来说，应更关注外部利益相关者的反应，这关系到企业的战略调整（Campbell，2007）。当家族成员进入董事会比例较高时，家族企业主的目标与家族管理者的目标相一致，都注重企业的形象和声誉，会采用慈善捐赠方式履行更多的社会责任行为，以实现企业的合法性（Grant，1997）。同时，完善的非营利组织运作方式也会对企业的行为起到监督和约束作用，家族企业会更加规范自身行为。而在非营利组织运行方式不健全的环境中，企业的行为信息不能及时曝光，企业违背社会责任没有得到相应的惩罚，消费者不了解企业的信息，供应商也许不知道将要合作的企业是违背社会责任的企业，那么，家族企业主会减少参与慈善捐赠，因为企业违背社会责任的机会成本很低。规范制度不健全时，这一地区或国家的法律、法规等规章制度也不完善，法律对私有产权的保护不明确，私营的家族企业的财富和自身合法性得不到保障，企业的生存面临着更多的不确定，家族企业首先要考虑的是生存问题，而无暇顾及履行慈善捐赠等社会责任行为（Grant & Downey，1996）。因此，当企业运行在高水平的规范制度环境中，家族成员进入董事会比例和企业慈善捐赠的正相关关系增强。

家族控制持续时间越长，家族企业主对企业的感情越深，使家族的影响力和实力增强，提高了企业实施慈善捐赠行为的能力。在规范制度水平较好的地区，行业协会职能较健全，行业协会对企业有较强的约束力，企业为得到外部利益相关者的认可，会更多地参与慈善捐赠等有社会影响力的活动（Campbell，2007）。当规范制度处于较低的水平时，行业协会的职能不完善，企业不履行慈善捐赠行为的机会成本很低，违背了社会责任的企业得不到相应的制裁，企业自然不愿去履行社会责任，企业违背道德而经营，假冒伪劣增多，企业间会产生恶意竞争，行业协会形同虚设，企业的生存压力越来越大。在这种缺乏规范的制度环境中，随着家族企业控制持续时间的延长，家族企业难以应对外部环境的不确定性，企业主经营压力越来越大，多数企业会选择变卖产业或破产。此时，家族企业主无力考虑企业的未来发展，更不会考虑慈善捐赠等社会责任。因此，当企业运行在高水平的规范制度环境中，家族控制持续时间与企业慈善捐赠的正相关关系增强。

综上所述，本书提出以下假设：

假设 9：规范制度正向调节家族涉入与企业慈善捐赠的关系。表现为：当企业所处地区的规范制度水平较高时，家族涉入与企业慈善捐赠的正相关关系增强。

假设 9a：规范制度正向调节家族所有权比例与企业慈善捐赠的关系。表现为：当企业所处地区的规范制度水平较高时，家族所有权比例与企业慈善捐赠的正相关关系增强。

假设 9b：规范制度正向调节家族成员进入董事会比例与企业慈善捐赠的关系。表现为：当企业所处地区的规范制度水平较高时，家族成员进入董事会比例与企业慈善捐赠的正相关关系增强。

假设 9c：规范制度正向调节家族控制持续时间与企业慈善捐赠的关系。表现为：当企业所处地区的规范制度水平较高时，家族控制持续时间与企业慈善捐赠的正相关关系增强。

4.2.3　认知制度环境对家族涉入与企业慈善捐赠关系的影响

认知制度是外界环境刺激与个人机体反应的中介，是关于世界的、内化于个体的表象反映（Scott，2008）。尤其是，利益相关者（公众，包括消费者、供应商等）感知这一认知范畴的变量被认为是提升企业价值的前提条件。因此，探讨认知制度环境对家族涉入与企业慈善捐赠关系的影响具有重要的理论意义。组织对合法性的认知会影响企业社会责任的决策（Basu 和 Palazzo，2008）。Scott 等（2000）认为，组织要想在一个社会环境中生存下去并且蓬勃发展，除了必要的技术和基本的物质资源外，还需要公众对组织行为的认可、信任进而能接受它。具体来说，公众对组织某一行为的理解和认识程度依赖于构成整个社会现实和共同理解框架的文化共识及表象，比如，如果某种新产品、服务或新兴产业等得到了公众的广泛接受，也就是公众对这些新事物的评价即为认知制度环境（尹珏林，2010）。在本书研究中认知制度是指公众对家族企业慈善捐赠的评价。雷宇（2015）认为，公众如何看待企业的慈善捐赠？这是源自于文化传统的价值判断问题，也关系到现实中企业的道德建设问题。家族企业慈善捐赠有其家族动机，为了保护家族成员的社会情感财富，保全家族声誉，声誉就是公众评价。媒体之所以能够发挥治理功能，主要原因在于媒体对企业是否履行社会责任行为的曝光，这使得非正式制度需要依靠社会公众来发挥作用。下面本书就从公众对企业慈善捐赠评价这一认知制度环境视角分析其对家族涉入与企业慈善捐赠关系的影响。

据中国企业家调查系统数据显示，在国内有 90% 以上的企业都以不同形式参与慈善捐赠，而且私营企业更为积极，主要动因是"提升企业声誉"。钟宏武（2008）研究了 2008 年汶川大地震时公众对企业慈善捐赠的评价，结论显示，公众对企业的慈善捐赠行为非常认可，有 81% 的公众表示会不计前嫌，只要企业积极慈善捐赠，79% 的消费者会优先选择进行慈善捐赠的企业的产品，95.9% 的投资者认为履行慈善捐赠社会责任对企业价值提升有促进作用。王端旭和潘奇（2011）以上市公司为样本，研究企业慈善捐赠与企业价值之间的关系，实证结果发现，利益相关者满足程度对慈善捐赠和企业价值的关系具有调节作用，即利益相关者满足程度强化企业慈善捐赠和企业价值的正效应关系。家族涉入的企业会更关注公众对其行为的评价。当认知制度环境越完善时，家族涉入与企业慈善捐赠的正相关关系越强，因为家族企业非常重视家族成员的社会情感财富和企业的声誉，公众对企业行为的评价越高，会让家族企业的合法性越强，此时，消费者会购买该企业产品，供应商更愿意与该企业长久合作，这就会提升企业价值，企业为保护家族的社会情感财富，会更多地履行慈善捐赠社会责任。Godfrey（2005）认为，企业慈善捐赠行为与公众价值观越接近，公众对企业慈善捐赠行为的评价越高。

家族涉入越高的企业越希望能获得公众认可，获得合法性。在认知制度健全的地区，家族企业会更多地进行慈善捐赠，完善的媒体和网络会对其行为给予表扬，企业违背社会责任的行为会受到强烈谴责，甚至惩罚。家族企业控制持续时间越久，企业主越希望企业成为"百年老店"，将企业文化延续和传承下去。企业要有责任感，随着认知制度的不断完善，在企业社会责任方面的文化认知加强，使企业履行社会责任被认为是企业应尽的社会责任，因此，家族涉入程度越高，企业出于社会合法性以及获得关键资源的需要，也会更积极地履行企业社会责任。

综上所述，本书提出以下假设：

假设 10：认知制度正向调节家族涉入与企业慈善捐赠的关系。

假设 10a：认知制度正向调节家族所有权比例与企业慈善捐赠的关系。

假设 10b：认知制度正向调节家族成员进入董事会比例与企业慈善捐赠的关系。

假设 10c：认知制度正向调节家族控制持续时间与企业慈善捐赠的关系。

4.3 变量定义与分析方法

4.3.1 变量定义

本章所涉及的变量是在前一章的基础上变换了控制变量和调节变量，调节变量是制度环境（变量简称为 ins），其他数据来源和样本选择与前一章一致，在这里不再赘述。家族涉入的变量和因变量（慈善捐赠）与上一章相同，下文主要介绍调节变量和控制变量的定义。

4.3.1.1 调节变量

关于制度环境变量，由于中国各区域经济发展水平明显不平衡，因此，各地区制度环境存在较大差异。本书采用樊纲、王小鲁和朱恒鹏（2011）所著的《中国市场化指数——各地区市场化相对进程 2011 年报告》中的相关指标测量规制制度和规范制度。该市场化指数有以下特点：第一，较为全面地对各省、市、自治区的市场化进程进行解释和分析；第二，使用基本相同的指标从 1997—2009 年进行持续的测度，从而提供了一个较为客观地反映市场化进程的稳定观测体系；第三，完全采用客观指标测度各地区的市场化进程的深度和广度；第四，基本上涵盖了市场化的各个主要方面，但又避免把反映市场化进程的变量与测量市场体制的变量相混淆（樊纲等，2011）。

该市场化指数参照国际研究经验，采用算术平均法计算权重来汇总各个分项指数。国内学者普遍采用樊纲和王小鲁等编制的市场化指数来衡量地区的制度环境。徐梅鑫（2012）采用樊纲等发展的市场化指数的分项指标法律环境指数来衡量规制制度环境。陈凌（2014）也采用市场化指数来衡量研究中的制度环境。因此，本书采用市场化指数的分项指标来衡量规制制度和规范制度。

规制制度（Regulative Institutions）是指与政府的强制权力相关（强制权力要有效果，必须进行有效的监督和重要的制裁、惩罚）的制度性安排。作者参考王倩（2014）的做法，采用樊纲和王小鲁等发展的五个市场化指数中的与法律规制相关的四个分项指数，采用算术平均法汇总这四个分项指数，得到各个地区的规制制度。规范制度（Normative Institutions）是指约束组织和个人的行为规则和行为标准等因素，如发放资格认证、行业协会等。规范制度是用市场中介组织这个分项指标来进行衡量的，反映各个地区行业协会以及会计师、律师等市场中介组织的发展情况。樊纲和王小鲁等发展的市场化指数只截止到2009年，而本书的数据截止到2014年，从2010—2014年的数据都用2009年的指数代替。

认知制度（Cognitive Institutions）是指引导组织和个人行为的、内化于个体的、理所当然（Take-for-granted）的价值观和信仰，是共同认知下的普遍接受的过程。在樊纲的市场化指数中没有认知制度的分项指数，因此，认知制度无法通过市场化指数获得。因此，针对每个上市公司来说，认知制度环境都是不同的。在本书研究中认知制度是指公众对家族企业慈善捐赠的评价。对于上市家族企业来说，公众对公司的评价集中体现在股票价格上，因此，认知制度的衡量采用雷宇（2015）的做法，用上市公司股票年末收盘价来衡量公众对家族企业慈善捐赠的评价。

4.3.1.2 控制变量

为分析家族涉入对慈善捐赠的影响，还有一些已被证实的控制变量：

企业规模（Size），为上市家族企业的规模变量，用家族企业的总资产取自然对数得到。一般来说，总资产规模大的家族企业就拥有优势，占据更多的市场份额，就有能力进行更多的慈善捐赠。因此，预期家族企业规模与企业慈善捐赠呈正相关关系。

资产负债率（Lev），根据 Waddock 和 Graves（1997）、苏启林（2004）的研究发现，企业资产负债率越高，则企业的绩效越低。本书认为，企业的债务融资情况不同，在金融市场上遇到的风险就不同，就会影响企业的价值和慈善捐赠战略。该指标用家族企业长期负债占总资产的比例来衡量。

资产收益率（ROA），参考 Helwege 等（2007）的研究，引入资产收益率为控制变量，资产收益率用家族企业的净利润除以总资产来衡量。

冗余资源（Slack），按照 Tan 和 Peng 论文中对该变量的界定，主要分为两类：（1）未被吸收的（Unabsorbed）冗余。未被吸收的冗余比较灵活，比如现金、信用额度等类似现金等价物的资产。（2）已被吸收的（Absorbed）冗余。已被吸收的冗余存在于企业的内部管理中，有很多不同的测量方法：孙德升用销售成本费用比率来测量，有的学者用销售费用、财务费用和管理费用等来测量，而 Tan 和 Peng 的论文中用大型设备维修基金、应付账款和存货来测量。有的学者用若干代理变量来测量冗余资源，引起了理论界的争议。在舆论压力背景下，我们采用资源冗余度来代表家族企业冗余资源的丰富程度（王倩，贾生华，2014），即采用流动资产占流动负债的比例来衡量冗余资源。

股权制衡度（Z），指的是上市家族企业中非控股大股东对控股股东的制衡程度。家族企业中制衡能力指数越高，表明股权制衡作用越好。吴丹（2013）研究认为，股权制衡度高的企业可以更好地保护企业内外部利益相关者的权益，有利于促进企业更好地履行社会责任。股权制衡程度用上市公司中第二大股东至第十大股东与第一大股东的比值来衡量。

企业主政治身份（Pc），直接会影响家族企业的慈善捐赠战略决策（高勇强等，2012）。企业主政治身份界定为是否是人大代表或政协委员，是为 1，否则取 0，是虚拟变量。

另外，本书还控制了家族企业所在行业（Industry）和年份（Year）

因素（Brammer & Millington，2008；毛世平，2009）的影响。根据中国证监会 2012 年 10 月公布的上市公司行业分类指引，将上市家族企业按照界定的行业类型分为 14 类，划分为 13 个虚拟变量。与此同时，我们针对不同年份家族企业慈善捐赠情况的差异性，将时间 2005—2014 年划分为 9 个虚拟变量，见表 4-1。

表 4-1   变量定义

	名称	变量	变量简称	定义
因变量	慈善捐赠	捐赠行为	Donation	企业是否进行慈善捐赠，捐赠为 1，否则为 0
		捐赠额度	LnDonation	Ln（1+捐赠金额）
自变量	家族涉入	家族所有权比例	Fo	家族企业创始人及其家族成员所有者权益总额比例之和
		家族成员进入董事会比例	Fdr	家族成员进入董事会席位的人数占董事会总人数的比例
		家族控制持续时间	Dur	家族企业登记注册到当前年的年数
调节变量	制度环境	规制制度	Ri	根据樊纲等编制的市场化指数相关内容计算
		规范制度	Ni	根据樊纲等编制的市场化指数相关内容计算
		认知制度	Ci	年末收盘价
控制变量	企业规模	企业规模	Size	Ln（总资产）
	资产负债率	资产负债率	Lev	企业长期负债与总资产的比值
	资产收益率	资产收益率	ROA	企业的净利润除以总资产
	冗余资源	冗余资源度	Slack	流动资产÷流动负债
	股权制衡度	股权制衡度	Z	第二大股东至第十大股东与第一大股东的比值
	企业主政治身份	企业主政治身份	Pc	如果企业主是人大代表或政协委员等，则设置为 1，否则取 0

4.3.2　模型设定

为验证提出的研究假设，设立如下的多元回归模型检验制度环境对家族涉入与企业慈善捐赠关系的影响：

$$Donation_{it}=a+b_1Size_{it}+b_2Lev_{it}+b_3ROA_{it}+b_4Slack_{it}+b_5Z_{it}+b_6Pc_{it}+$$
$$YearDummy+IndustryDummy+\mu \tag{1}$$

$$Donation_{it}=a+b_1Size_{it}+b_2Lev_{it}+b_3ROA_{it}+b_4Slack_{it}+b_5Z_{it}+b_6Pc_{it}+b_7Fo_{it}+$$
$$b_8Fdr_{it}+b_9Dur_{it}+YearDummy+IndustryDummy+\mu \tag{2}$$

$$Donation_{it}=a+b_1Size_{it}+b_2Lev_{it}+b_3ROA_{it}+b_4Slack_{it}+b_5Z_{it}+b_6Pc_{it}+b_7Fo_{it}+$$
$$b_8Fdr_{it}+b_9Dur_{it}+b_{10}Ri_{it}+b_{11}Fo_{it}*Ri_{it}+b_{12}Fdr_{it}*Ri_{it}+$$
$$b_{13}Dur_{it}*Ri_{it}+YearDummy+IndustryDummy+\mu \tag{3}$$

$$Donation_{it}=a+b_1Size_{it}+b_2Lev_{it}+b_3ROA_{it}+b_4Slack_{it}+b_5Z_{it}+b_6Pc_{it}+b_7Fo_{it}+$$
$$b_8Fdr_{it}+b_9Dur_{it}+b_{14}Ni_{it}+b_{15}Ni_{it}*Fo_{it}+b_{16}Ni_{it}*Fdr_{it}+b_{17}Ni_{it}*Dur_{it}+$$
$$YearDummy+IndustryDummy+\mu \tag{4}$$

$$Donation_{it}=a+b_1Size_{it}+b_2Lev_{it}+b_3ROA_{it}+b_4Slack_{it}+b_5Z_{it}+b_6Pc_{it}+b_7Fo_{it}+$$
$$b_8Fdr_{it}+b_9Dur_{it}+b_{18}Ci_{it}+b_{19}Ci_{it}*Fo_{it}+b_{20}Ci_{it}*Fdr_{it}+b_{21}Ci_{it}*Dur_{it}+$$
$$YearDummy+IndustryDummy+\mu \tag{5}$$

其中：$Donation_{it}$ 表示慈善捐赠的两个变量 $Donation_{it}$ 和 $LnDonation_{it}$，Size 表示企业规模，Lev 表示企业的资产负债率，ROA 表示企业资产收益率，Slack 表示企业冗余资源，Pc 表示企业主的政治身份，Fo 表示企业的所有权比例，Fdr 表示企业的家族成员进入董事会比例，Dur 表示家族控制持续时间，Ri 表示规制制度，Ri*Fo 表示规制制度和家族所有权比例的交互项，Ri*Fdr 表示规制制度和家族成员进入董事会比例的交互项，Ri*Dur 表示规制制度和家族控制持续时间的交互项，Ni 表示规范制度，Ni*Fo 表示规范制度和家族所有权比例的交互项，Ni*Fdr 表示规范制度和家族成员进入董事会比例的交互项，Ni*Dur 表示规范制度和家族控制持续时间的交互项，Ci 表示认知制度，Ci*Fo 表示家族所有权比例与认知制度的交互项，Ci*Fdr 表示家族成员进入董事会比例与认知制度的交互项，Ci*Dur 表示家族控制持续时间与认知制度的交互项，i 表示上市家族企业，t 表示年份，YearDummy 表示年份的哑变量，IndustryDummy 表示行业的哑变量，μ 表示误差项。

4.3.3   分析方法

在检验制度环境对家族涉入与企业慈善捐赠关系的影响时，本书分为两个阶段。第一阶段主要是 Logit 回归方法，当因变量是虚拟变量时，采用 Logit 回归方法检验制度环境对家族涉入与企业慈善捐赠行为的关系的影响，上面的模型（1）～（5）中的因变量 $Donation_{it}$，表示慈善捐赠的两个变量 $Donation_{it}$ 和 $LnDonation_{it}$，当因变量是 $Donation_{it}$ 时，它表示家族企业的慈善捐赠行为，是虚拟变量，此时，用 Logit 回归方法。第二阶段采用 Tobit 回归方法检验制度环境对家族涉入与企业慈善捐赠额度关系的影响。当因变量是 $LnDonation_{it}$ 时，因变量是连续变量，如果上市家族企业在有些年份慈善捐赠金额为 0，则会得到因变量是 0，会出现角点解，按照一般计量经济学处理的普通最小二乘法会使结果有偏，因此，为了保证结果的有效性，采用 Tobit 回归方法。

4.4   实证结果

4.4.1   描述性统计

解释变量与被解释变量的平均值（Mean）、标准方差（Sd）、中位数（Median）、最大值（Max）和最小值（Min）如表 4-2 所示。由表 4-2 可知，上市家族企业平均 73.9% 参加过慈善捐赠，经过处理后的家族企业慈善捐赠（对企业捐赠取对数）均值为 9.436，标准方差为 5.850，表明家族企业积极履行慈善捐赠社会责任。具体来说其他解释变量，上市家族企业中家族所有权比例平均为 33.69%，家族成员进入董事会比例平均为 17.9%，家族控制持续时间平均为 12.59 年，总体来说，家族涉入还是比较普遍的。企业主政治身份占比平均为 68.1%，有相当部分的家族企业的企业主会当人大代表或政协委员，股权制衡度平均为 95%，表明上市家族企业股东之间能够相互制衡。

表 4-2 变量描述性统计

变量	Mean	Sd	Min	Median	Max
捐赠行为	0.739	0.439	0	1	1
捐赠额度	9.436	5.850	0	12.06	18.22
所有权比例	33.69	15.66	1.828	32	92.35
进入董事会比例	0.179	0.0830	0.0400	0.167	0.583
控制持续时间	12.59	5.080	0	12	34
企业规模	21.41	1.053	16.51	21.29	25.13
资产负债率	0.453	0.475	0.0250	0.434	12.24
资产收益率	0.0570	0.107	−1.542	0.0490	2.284
冗余资源	20.79	1.348	12.55	20.79	25.41
企业主政治身份	0.681	0.466	0	1	1
股权制衡度	0.95	0.98	0.019	0.707	15.003
规制制度	14.68	6.792	3	16.30	23.68
规范制度	7.091	1.351	2.280	7.070	10
认知制度	14.90	13.42	1.680	10.85	149.9

4.4.2 变量相关性分析

本书要对回归模型中的变量指标进行 Pearson 相关系数分析，相关性分析结果如表 4-3 所示。从表 4-3 可知，变量家族涉入中的家族所有权比例对慈善捐赠有积极影响，家族进入董事会比例与慈善捐赠没有显著相关性，家族控制持续时间对慈善捐赠有积极影响。在企业特征中，企业规模、资产负债率、资产收益率和冗余资源对慈善捐赠有影响，股权制衡度与慈善捐赠没有显著相关性。企业主政治身份对慈善捐赠有积极影响。制度环境中的规制制度、规范制度和认知制度对慈善捐赠均有积极影响。主要控制变量对家族企业慈善捐赠都有影响，就制度环境对家族涉入和企业慈善捐赠关系的影响而言，本书所选择的控制变量是合适的。虽然主要解释变量之间存在相关性，但相关系数绝对值均小于 0.4，而且模型的方差膨胀因子小于 10，模型中的解释变量不存在多重共线性。

表 4-3

相关性分析结果

	1.Donation	2.LnDonation	3.Fo	4.Fdr	5.Dur	6.Size	7.Lev	8.ROA	9.Slack	10.Pc	11.Z	12.Ri	13.Ni	14.Ci
1	1													
2	0.9579***	1												
3	0.0585***	0.0487**	1											
4	−0.0233	−0.0274	0.0208	1										
5	0.0074*	0.0340*	−0.2386***	−0.0435	1									
6	0.2988***	0.3796***	−0.0283	−0.0828***	0.3171***	1								
7	−0.0672***	−0.0480**	−0.0587***	0.0312	0.0935***	0.0155	1							
8	0.0662***	0.0798***	0.0955***	0.0022	−0.1049***	−0.0329	−0.0526**	1						
9	0.3030***	0.3713***	0.0256	−0.0828***	0.1768***	0.8172***	−0.0425	0.0035	1					
10	0.1195***	0.1374***	−0.0131	0.0705***	0.1023***	0.1402***	−0.0216	−0.0166	0.1904***	1				
11	0.0082	0.0087	−0.0268	0.0839***	0.1526***	0.0710***	0.0310	−0.0452**	0.0110	0.0011	1			
12	0.1343***	0.1432***	−0.0301	−0.0708***	0.0634***	0.1124***	0.0866***	−0.0182	0.0845***	0.0671***	−0.0585***	1		
13	0.0563***	0.0576***	0.0022	−0.0341	−0.0303	0.0320	−0.0642***	−0.0288	0.0028	−0.0263	−0.0352	0.8189***	1	
14	0.0485***	0.0440***	0.2141***	−0.0370	−0.1996***	−0.0620***	−0.1479***	0.2911***	−0.0023	−0.0748***	−0.1348***	0.0283	0.0089	1

注: * p < 0.1, ** p < 0.05, *** p < 0.01, 括号中为标准误。

4.4.3 回归分析结果

4.4.3.1 第一阶段 Logit 回归结果分析

回归结果如表 4-4 所示。从表 4-4 Logit 回归分析结果中可以看出，就模型 1，在企业主层面上，家族企业主的政治身份（Pc）与企业慈善捐赠行为（Donation）是正相关关系（系数为 0.359，$p < 0.01$），具体来说，企业主如果是人大代表或政协委员，家族企业更可能进行慈善捐赠。企业规模（Size）对企业慈善捐赠行为（Donation）有显著正向影响（系数为 0.689，$p < 0.01$），表明总资产越多的家族企业越有可能进行慈善捐赠。资产收益率（ROA）与企业慈善捐赠行为（Donation）有正相关关系（系数为 2.800，$p < 0.01$），表明家族企业资产收益率越高，企业越有可能进行慈善捐赠。冗余资源（Slack）与企业慈善捐赠行为（Donation）有正相关关系（系数为 0.226，$p < 0.01$），表明家族企业的冗余资源越多，企业越有可能进行慈善捐赠。资产负债率（Lev）与企业慈善捐赠行为（Donation）显著负相关（系数为 -1.494，$p < 0.01$），表明企业的资产负债率越高，企业偿债压力越大，因此，企业就会减少慈善捐赠行为。以上分析表明本章选择的控制变量是适合的。

表 4-4   Logit 回归分析结果

变量	模型 1 Donation	模型 2 Donation	模型 3 Donation	模型 4 Donation	模型 5 Donation
企业规模	0.689*** (0.099)	0.771*** (0.103)	0.724*** (0.105)	0.759*** (0.104)	0.767*** (0.104)
资产负债率	−1.494*** (0.338)	−1.484*** (0.338)	−1.355*** (0.344)	−1.522*** (0.340)	−1.514*** (0.344)
资产收益率	2.800*** (0.891)	2.318*** (0.866)	2.519*** (0.867)	2.524*** (0.856)	2.433*** (0.942)
股权制衡度	0.0004 (0.002)	0.001 (0.002)	0.001 (0.002)	0.0005 (0.002)	0.001 (0.002)
企业主政治身份	0.359*** (0.115)	0.390*** (0.117)	0.355*** (0.117)	0.385*** (0.117)	0.373*** (0.117)
冗余资源	0.226*** (0.073)	0.197*** (0.074)	0.224*** (0.075)	0.222*** (0.074)	0.203*** (0.075)

续表

变量	模型 1 Donation	模型 2 Donation	模型 3 Donation	模型 4 Donation	模型 5 Donation
所有权比例		0.004** (0.002)	0.003* (0.004)	0.003* (0.004)	0.004* (0.004)
进入董事会比例		0.396* (0.646)	0.173 (0.690)	0.189 (0.677)	0.272 (0.661)
控制持续时间		0.034*** (0.012)	0.032*** (0.012)	0.032*** (0.012)	0.034*** (0.012)
规制制度			0.034*** (0.009)		
所有权比例* 规制制度			0.0005 (0.0006)		
进入董事会比例* 规制制度			0.197* (0.102)		
控制持续时间* 规制制度			0.0008 (0.002)		
规范制度				0.104** (0.042)	
所有权比例* 规范制度				0.001 (0.003)	
进入董事会比例* 规范制度				1.699*** (0.515)	
控制持续时间* 规范制度				0.002 (0.009)	
认知制度					0.004* (0.006)
所有权比例* 认知制度					0.00002 (0.0001)
进入董事会比例* 认知制度					0.093 (0.060)
控制持续时间* 认知制度					0.002* (0.001)
常数项	−17.986*** (1.464)	−19.146*** (1.531)	−18.723*** (1.552)	−19.384*** (1.548)	−19.181*** (1.541)
年份	控制	控制	控制	控制	控制
行业	控制	控制	控制	控制	控制
观测值	2016	2015	2015	2015	2013
Pseudo R^2	0.1202	0.1251	0.1349	0.1321	0.1270
Chi2	278.03***	289.13***	311.80***	305.27***	293.09***

注: * $p < 0.1$, ** $p < 0.05$, *** $p < 0.01$, 括号中为标准误。

然后看模型 2，加入家族涉入的三个变量，从表 4-4 中可以看出，家族涉入对慈善捐赠行为是有积极影响的，Pseudo R^2 为 0.1251。家族所有权比例（Fo）对慈善捐赠行为有积极影响（系数为 0.004，p < 0.05），家族成员进入董事会比例（Fdr）对慈善捐赠行为有积极影响（系数为 0.396，p < 0.1），家族控制持续时间对慈善捐赠行为有积极影响（系数为 0.034，p < 0.01）。因此，家族涉入与慈善捐赠行为显著正相关，再次验证上一章的假设，家族涉入对慈善捐赠行为有积极影响。

再看模型 3，在家族涉入三个变量基础上加入规制制度调节变量。从表 4-4 中数据可知，家族所有权比例（Fo）与规制制度（Ri）的交互项系数为 0.0005，但不显著；家族成员进入董事会比例（Fdr）与规制制度（Ri）的交互项系数为 0.197，并在 0.1 水平上显著，表明规制制度正向调节家族成员进入董事会比例与慈善捐赠行为的关系；家族控制持续时间（Dur）与规制制度（Ri）的交互项系数为 0.0008，但不显著。由此可知，假设 8b 得到验证。

再看模型 4，在家族涉入三个变量基础上加入规范制度调节变量。由表 4-4 中数据可以看出，家族所有权比例（Fo）与规范制度（Ni）的交互项系数为 0.001，但不显著；家族成员进入董事会比例（Fdr）与规范制度（Ni）的交互项系数为 1.699，并在 0.01 水平上显著，表明规范制度正向调节家族成员进入董事会比例与企业慈善捐赠行为的关系；家族控制持续时间（Dur）与规范制度（Ni）的交互项系数为 0.002，但不显著。由此可知，假设 9b 得到验证。

最后看模型 5，在家族涉入三个变量基础上加入认知制度调节变量，由表 4-4 中数据可以看出，只有家族控制持续时间（Dur）与认知制度（Ci）的交互项系数为 0.002，并在 0.1 水平上显著，由此可知，假设 10c 得到验证。

4.4.3.2　第二阶段 Tobit 回归分析结果

为了进一步检验制度环境对家族涉入与慈善捐赠金额关系的调节作用，本节用慈善捐赠金额 LnDonation 作为因变量，采用 Tobit 方法进行回归分析，回归结果见表 4-5。

表 4-5　　　　　　　　　　Tobit 回归分析结果

变量	模型 1 LnDonation	模型 2 LnDonation	模型 3 LnDonation	模型 4 LnDonation	模型 5 LnDonation
企业规模	1.386***	1.498***	1.364***	1.457***	1.566***
	(0.237)	(0.257)	(0.257)	(0.257)	(0.259)
资产负债率	−0.472*	−0.425*	−0.324	−0.411	−0.439*
	(0.256)	(0.257)	(0.256)	(0.257)	(0.258)
资产收益率	4.811***	4.586***	4.450***	4.648***	4.662***
	(1.109)	(1.111)	(1.107)	(1.112)	(1.145)
股权制衡度	0.003	0.003	0.005	0.003	0.003
	(0.006)	(0.006)	(0.006)	(0.006)	(0.006)
企业主政治身份	0.490**	0.551*	0.406	0.554*	0.569*
	(0.302)	(0.309)	(0.308)	(0.308)	(0.310)
冗余资源	0.716***	0.685***	0.725***	0.702***	0.627***
	(0.192)	(0.193)	(0.193)	(0.193)	(0.196)
所有权比例		0.021**	0.019*	0.0201*	0.022**
		(0.010)	(0.010)	(0.010)	(0.011)
进入董事会比例		0.356*	0.808	0.812	0.176
		(2.259)	(2.256)	(2.258)	(2.265)
控制持续时间		0.036*	0.072*	0.0444*	0.0345*
		(0.038)	(0.039)	(0.038)	(0.039)
规制制度			0.123***		
			(0.027)		
所有权比例* 规制制度			0.002*		
			(0.001)		
进入董事会比例* 规制制度			0.226*		
			(0.293)		
控制持续时间* 规制制度			0.004		
			(0.004)		
规范制度				0.316**	
				(0.137)	
所有权比例* 规范制度				0.001	
				(0.007)	

续表

变量	模型 1 LnDonation	模型 2 LnDonation	模型 3 LnDonation	模型 4 LnDonation	模型 5 LnDonation
进入董事会比例* 规范制度				2.520* (1.617)	
控制持续时间* 规范制度				0.002 (0.023)	
认知制度					0.008* (0.011)
所有权比例* 认知制度					0.001* (0.0006)
进入董事会比例* 认知制度					0.103 (0.101)
控制持续时间* 认知制度					0.002* (0.002)
常数项	−35.50*** (3.080)	−37.32*** (3.579)	−35.26*** (3.588)	−36.80*** (3.584)	−37.64*** (3.587)
年份	控制	控制	控制	控制	控制
行业	控制	控制	控制	控制	控制
观测值	2016	2015	2015	2015	2013
Pseudo R^2	0.1256	0.1267	0.1355	0.1378	0.1421
Chi2	286.91***	293.72***	322.30***	302.97***	299.28***

注：* $p < 0.1$，** $p < 0.05$，*** $p < 0.01$，括号中为标准误。

从表4-5可知，就模型1，在企业主层面上，家族企业主的政治身份（Pc）与企业慈善捐赠金额（LnDonation）有正相关关系（系数为0.490，$p < 0.05$），说明如果企业主是人大代表或政协委员，该家族企业会更多地参与慈善捐赠。在企业层面上，企业规模（Size）对企业慈善捐赠金额有显著正向影响（系数为1.386，$p < 0.01$），表明资产规模越大的家族企业进行的慈善捐赠越多；资产收益率（ROA）与企业慈善捐赠金额有正相关关系（系数为4.811，$p < 0.01$），表明家族企业资产收益率越高，进行的慈善捐赠越多；冗余资源与企业慈善捐赠有正相关

关系（系数为 0.716，p < 0.01），表明家族企业的冗余资源越多，企业进行的慈善捐赠越多；资产负债率（Lev）与企业慈善捐赠显著负相关（系数为 -0.472，p < 0.1），表明企业的资产负债率越高，受到债权人的监督越大，因此，企业的慈善捐赠越少。Tobit 回归方法再次验证了选择的控制变量是合适的。

然后看模型 2，加入家族涉入的三个变量，以检验家族涉入各个变量对企业慈善捐赠金额的影响。家族涉入对慈善捐赠金额是有积极影响的，Pseudo R² 为 0.1267。家族所有权比例（Fo）与慈善捐赠金额显著正相关（系数为 0.021，p < 0.05），家族成员进入董事会比例（Fdr）与慈善捐赠金额正相关（系数为 0.356，p < 0.1），家族控制持续时间与慈善捐赠金额显著正相关（系数为 0.036，p < 0.1）。综合可得出，家族涉入与慈善捐赠金额显著正相关，因此，再次通过 Tobit 模型验证了家族涉入与慈善捐赠的正相关关系。

再看模型 3，在家族涉入三个变量基础上加入规制制度调节变量。从表 4-5 中数据可知，家族所有权比例（Fo）与规制制度（Ri）的交互项系数为 0.002，并在 0.1 水平上显著，表明规制制度正向调节家族所有权比例与慈善捐赠金额的关系；家族成员进入董事会比例（Fdr）与规制制度（Ri）的交互项系数为 0.226，并在 0.1 水平上显著，表明规制制度正向调节家族成员进入董事会比例与慈善捐赠金额的关系；家族控制持续时间（Dur）与规制制度（Ri）的交互项系数为正，但不显著。由此可知，假设 8a 和 8b 得到验证。

再看模型 4，在家族涉入三个变量基础上加入规范制度调节变量。由表 4-5 中数据可以看出，家族所有权比例（Fo）与规范制度（Ni）的交互项系数为正，但不显著；家族成员进入董事会比例（Fdr）与规范制度（Ni）的交互项系数为 2.520，并在 0.1 水平上显著，表明规范制度正向调节家族成员进入董事会比例与企业慈善捐赠金额的关系；家族控制持续时间（Dur）与规范制度（Ni）的交互项系数为正，但不显著。由此可知，假设 9b 得到验证。

最后看模型 5，在家族涉入三个变量基础上加入认知制度调节变量。由表 4-5 中数据可以看出，家族所有权比例（Fo）与认知制度

（Ci）的交互项系数为 0.001，并在 0.1 水平上显著，表明认知制度正向调节家族所有权比例与企业慈善捐赠金额的关系；家族成员进入董事会比例（Fdr）与认知制度（Ci）的交互项系数为正，但不显著；家族控制持续时间（Dur）与认知制度（Ni）的交互项系数为 0.002，并在 0.1 水平上显著，表明认知制度正向调节家族控制持续时间与企业慈善捐赠金额的关系。由此可知，假设 10a 和 10c 得到验证。

　　通过以上的实证分析，可知本章中的研究假设部分得到了验证，汇总前文提及的研究假设验证结果如表 4-6 所示。

表 4-6　　　　　　　　　研究假设验证情况汇总表

研究假设		是否验证
假设 8	规制制度正向调节家族涉入与企业慈善捐赠的关系。表现为：当企业所处地区的规制制度水平较高时，家族涉入与企业慈善捐赠的正相关关系增强	部分验证
假设 8a	规制制度正向调节家族所有权比例与企业慈善捐赠的关系。表现为：当企业所处地区的规制制度水平较高时，家族所有权比例与企业慈善捐赠的正相关关系增强	是
假设 8b	规制制度正向调节家族成员进入董事会比例与企业慈善捐赠的关系。表为：当企业所处地区的规制制度水平较高时，家族成员进入董事会比例与企业慈善捐赠的正相关关系增强	是
假设 8c	规制制度正向调节家族控制持续时间与企业慈善捐赠的关系。表现为：当企业所处地区的规制制度水平较高时，家族控制持续时间与企业慈善捐赠的正相关关系增强	否
假设 9	规范制度正向调节家族涉入与企业慈善捐赠的关系。表现为：当企业所处地区的规范制度水平较高时，家族涉入与企业慈善捐赠的正相关关系增强	部分验证
假设 9a	规范制度正向调节家族所有权比例与企业慈善捐赠的关系。表现为：当企业所处地区的规范制度水平较高时，家族所有权比例与企业慈善捐赠的正相关关系增强	否
假设 9b	规范制度正向调节家族成员进入董事会比例与企业慈善捐赠的关系。表现为：当企业所处地区的规范制度水平较高时，家族成员进入董事会比例与企业慈善捐赠的正相关关系增强	是
假设 9c	规范制度正向调节家族控制持续时间与企业慈善捐赠的关系。表现为：当企业所处地区的规范制度水平较高时，家族控制持续时间与企业慈善捐赠的正相关关系增强	否
假设 10	认知制度正向调节家族涉入与企业慈善捐赠的关系	部分验证

续表

研究假设		是否验证
假设 10a	认知制度正向调节家族所有权比例与企业慈善捐赠的关系	是
假设 10b	认知制度正向调节家族成员进入董事会比例与企业慈善捐赠的关系	否
假设 10c	认知制度正向调节家族控制持续时间与企业慈善捐赠的关系	是

4.5 发现与讨论

本章基于 Scott 的制度理论视角，将制度环境作为调节变量引入家族涉入与企业慈善捐赠关系的研究过程中，经过理论推导提出相应的研究假设，并采用国泰安数据库收集上市家族企业数据对假设进行实证验证。经过分析，可以得出：（1）规制制度正向调节家族涉入与企业慈善捐赠关系的研究假设部分得到验证，即规制制度正向调节家族所有权比例与企业慈善捐赠的关系，正向调节家族成员进入董事会比例与企业慈善捐赠的关系。具体来说，相比处于健全的规制制度环境中的企业，当企业所处地区的规制环境水平较低时，家族所有权比例、家族成员进入董事会比例与企业慈善捐赠的正相关关系减弱。（2）规范制度正向调节家族涉入与企业慈善捐赠关系的研究假设部分得到验证，即规范制度正向调节家族成员进入董事会比例与企业慈善捐赠的关系。具体来说，相比处于完善的规范制度环境中的企业，企业所处地区的规范制度环境水平较低时，家族成员进入董事会比例与企业慈善捐赠的正相关关系减弱。（3）认知制度正向调节家族涉入与企业慈善捐赠关系的研究假设部分得到验证，即认知制度正向调节家族所有权比例与企业慈善捐赠的关系，正向调节家族控制持续时间与企业慈善捐赠的关系。具体来说，对于认知制度环境来说，公众对企业慈善捐赠行为的评价正向调节家族所有权比例与企业慈善捐赠的关系，正向调节家族控制持续时间与企业慈善捐赠的关系。

假设 8c 没有获得支持，说明规制制度没有起到正向调节家族控制持续时间与企业慈善捐赠关系的作用。假设 9a 和假设 9c 也没有得到支持，说明规范制度没有起到正向调节家族所有权比例以及家族控制持续时间与企业慈善捐赠关系的作用。假设 10b 没有得到支持，说明认知制度没有起到正向调节家族成员进入董事会比例与企业慈善捐赠关系的作用。假设没有得到验证主要是因为：在制度环境测量方面，对于规制制度和规范制度，本书采用的是学者们常用的樊纲、王小鲁等编制的市场化指数中的相关指标代替，而该市场化指数的数据截止到 2009 年，本书研究的时间窗口是 2005—2014 年，由于作者认为 2007—2009 年各省的市场化指数变化不大，因此，本书规制制度和规范制度从 2010—2014 年数据采用的是 2009 年的数据，虽然有一定的合理性，但从研究的规范性角度来看仍会对所得结论产生影响。另外，在认知制度的衡量方面，本书采用的是公众对企业慈善捐赠的评价来衡量认知制度（雷宇，2015），虽然有一定的依据，但与规制制度和规范制度在测量方法上不匹配，也会对研究结论产生影响。

以往的家族企业慈善捐赠的研究文献主要是从利益相关者理论角度阐述，本章结合 Scott 的组织制度理论来分析制度环境对家族涉入与企业慈善捐赠的关系的调节作用，研究结论对企业社会责任和家族企业领域的研究文献有所贡献。研究结论表明，家族涉入与企业慈善捐赠的关系不仅受家族企业内部环境影响，也受家族企业外部制度环境的影响。家族企业为了保护家族的社会情感财富，会更多地选择慈善捐赠行为，有些家族企业会设立家族慈善基金会，家族慈善基金会提供了一个展示家族企业价值观和社会责任感的平台，能更好地提升家族企业的声誉和价值观，因此，越来越受到社会各界的关注。但家族慈善需要有完善的制度环境土壤，让其拥有合法的法律身份，更需要政府的法律、法规不断完善，才能使家族企业慈善捐赠行为向常态化、规范化发展。

第5章 家族企业慈善捐赠的效果评价

5.1 引言

美国哈佛大学产业经济学权威 Bain 和 Scherer 等人提出了 SCP 模式，即市场结构（Structure）、市场行为（Conduct）、市场绩效（Performance）分析框架。SCP 框架的基本内涵是，市场结构决定企业在市场中的行为，而企业行为又决定市场运行在各个方面的经济绩效。根据 SCP 模型，本书的第 3、4 章主要针对家族企业受企业内外部环境的影响，分析家族企业采用慈善捐赠等战略行为来应对市场环境变化，而这一行为对企业绩效会产生什么影响呢？本章主要阐述这一行为对绩效的影响，即家族企业慈善捐赠与企业价值的关系。

具体来说，在过去的二三十年中，企业社会责任与企业价值的关系一直是企业界迫切想要知道答案的问题。虽然研究者为此付出了巨大的心力，但仍未就两者之间的关系取得一致性结论，两者关系从正相关（Waddock 等，1997）到负相关（Mueller，1991），再到非线性相关

（Wang et al.，2008），甚至不相关（Aupperle et al.，1985），各种关系都得到了一定程度的实证分析的支持。

通过前文分析，我们证实了家族企业进行慈善捐赠有其家族动机，同时还受到制度环境的影响。家族企业为保护家族成员的社会情感财富而进行更多的慈善捐赠，因为制度环境的影响，家族企业为得到合法性也会进行更多的慈善捐赠。通过以上分析可知，家族企业慈善捐赠与企业价值之间的关系一定有深层次的影响因素。为了进一步揭示两者关系之间的黑箱，我们通过引入中介变量（企业融资、政府补助）来明晰家族企业慈善捐赠和企业价值的关系。首先通过理论分析得出家族企业慈善捐赠对企业价值的影响以及企业融资、政府补助的中介效应，然后通过国泰安数据库获得上市家族企业的数据，根据温忠麟等（2004；2005）提出的中介过程检验程序对所提出的研究假设进行检验，最后根据实证分析得出研究结论。

5.2 理论分析与研究假设

5.2.1 家族企业慈善捐赠与企业价值的关系

家族企业的生存和发展需要资金、人力资源、固定资产等生产资料，这些需要其他主体供给。从资源依赖理论出发，家族企业和企业内外部利益相关者是互相依赖的，企业要建立良好的企业形象和声誉，以获得企业的外部利益相关者（如消费者、政府和社区等）对其的好感。良好的外部形象和企业声誉有利于得到利益相关者的支持（Smith，1994），进而获得家族企业生存和发展所需要的资源。慈善捐赠行为是企业的一项长期工程，能够给企业带来道德资本，建立起企业的良好形象和声誉，就能得到利益相关者的支持，如同保险一样，可以为企业可能受到的伤害给予补偿（Godfrey，2005）。家族企业经常会被诟病，可以通过慈善捐赠行为积累道德资本，以备不时之需。Mescon 等（1987）强调企业进入新市场时，公众通过企业的各种行为方式了解企业，企业履行慈善捐赠的社会责任行为能传递企业具有社会责任感的信息，以获得消费者的认可。相关文献证实了企业慈善捐赠行为能够提升企业绩效（Brammer，2005）。钟宏武（2007）总结相关文献后认为，企业履行慈善捐赠行为能避免经营过程中的潜在风险和伤害。杜兴强（2010）则通过实证结果得出结论，企业参加慈善捐赠可以提升企业价值和绩效。王端旭（2011）从利益相关者角度分析企业慈善捐赠与企业价值的关系，他认为，当企业履行慈善捐赠行为与利益相关者的价值取向一致时，企业价值会增加。

以上学者论证了企业慈善捐赠行为能够直接或者间接地为企业增加价值。根据 Porter 的战略性慈善捐赠动机理论，慈善捐赠能够提供有利的商业环境，为企业增强竞争优势，从而提升企业价值（Porter，2002）。这种提升企业价值的作用是需要长期持续的捐赠来维持的，面板数据实证结果显示，滞后两期的慈善捐赠金额对当期企业绩效的提升作用比滞后一期的和当期的提升作用差。企业慈善捐赠对于企业价值的提高往往是通过提高企业社会知名度来实现的，家族企业为保护社会情感财富，很注重企业知名度。家族企业主会经常参加各种慈善捐赠活动，一方面是宣传企业，树立企业形象；另一方面是希望与家族成员共同承担责任，传承企业文化。企业在日常运作过程中，不可避免地会发生利益相关者之间的冲突，企业慈善捐赠能有效缓解冲突，平衡企业内外部利益相关者之间的关系。同时，披露企业社会责任信息能起到广告宣传作用。虽然企业进行慈善捐赠会占用企业的现有资金和资源，但是公众对企业慈善捐赠的正面评价可以提高企业销售收入，从而使企业获得收益。彭腾（2008）认为，企业选择慈善捐赠是由于慈善捐赠比广告更具有营销效应。企业慈善捐赠的主要目的是传承企业文化和承担社会责任，以提升企业形象，获得市场回报（杨团等，2003）。家族企业更注重家族文化的传承，会以这种自保战略来积累道德资本，实现企业的可持续发展。田利华和陈晓东（2007）认为，从利益相关者的角度分析，企业的战略性慈善捐赠既有利于企业追求经济利益最大化，又能满足履行社会责任的需求。

事实上，企业通过积极响应行为（慈善捐赠）对利益相关者的需求做出了回应，与利益相关者维持好合作关系，必然会得到利益相关者的支持和帮助，这就能形成企业特有的竞争优势（Pfeffer，1998），企业就会有良好表现。利益相关者会支持企业的慈善捐赠行为，良好的利益相关者关系增强了其对企业的信任。企业的慈善捐赠易吸引消费者、供应商和其他利益相关者，增加了企业获取竞争性稀缺资源的机会，而且也有利于降低企业的交易成本（Hansen et al.，2008）。良好的利益相关者关系还可以为企业带来无形资产，缓解企业遭受各种负面行为对企业的不利影响。Choi 等（2009）认为，良好的利益相关者关系能在长期内增强企业的竞争优势，进而提升企业价值。总之，企业慈善捐赠能增加企业利益相关者对企业的好感，增加企业的可利用资源，也可改善企业的经营环境，提升企业核心竞争能力，对企业价值产生直接或间接的增值作用（Porter，2002）。

综上所述，本书提出以下假设：

假设 11：家族企业慈善捐赠与企业价值是显著正相关关系。

5.2.2 家族企业慈善捐赠与企业融资、政府补助的关系

Cheng（2014）通过实证研究认为，积极履行社会责任的企业有助于缓解企业融资压力。家族企业慈善捐赠等履行社会责任行为能够帮助其成功地建立政治关系，在信贷自由分配中，家族企业由于和政府的关系能够获得信贷资源，进而获得一定的竞争优势。在中国，企业长期债务资金来源较为单一，主要还是银行借款。政府掌握着银行信贷配置等稀缺资源，家族企业进行慈善捐赠能有效地与政府建立政治关系，并获得政府的好感，最终获得信贷资源。根据社会交换理论，家族企业与政府等利益相关者进行交换，进而提高获得债务融资的能力。Godfrey（2005）认为，企业慈善捐赠行为可以给企业带来无形资产（如良好的企业形象和声誉），良好的企业形象有利于企业获得外部债务融资，最终提升企业价值。企业在经营过程中，难免会和某些社会组织发生利益冲突，这些组织可能对企业采取报复行为，会给企业造成一定损失，而过去的慈善捐赠等社会责任行为所积攒的道德资本，如同保险一样，可以为企业受到的损失和伤害提供保护和补偿，即缓解或消除社会组织对企业的报复行为所产生的后果，起到维护企业价值的目的（Godfrey，

2005）。家族企业与政府等进行交换，企业慈善捐赠有助于建立和维护与政府的政治关系。Sim（2003）认为，企业的慈善捐赠是一种政治战略，通过慈善捐赠，企业可以获得稀缺资源，并与政府建立良好的沟通关系，从而更好地获得信贷资源。企业慈善捐赠行为是一种向公众表明企业价值观和实力的信号，也是向市场发出企业有良好的发展前景的信号，尤其是在信息不对称背景下，该信号的作用更明显，作为企业利益相关者的消费者、政府等对企业的慈善捐赠会有正面评价，政府会对这类企业在分配信贷资源上有所倾斜，进而缓解企业融资压力。

在转型经济体中，由于法律、法规不健全，企业尤其是家族企业很难依赖法律体系来保护其产权（Johnson et al.，2002），因此，企业获得银行贷款的难度增加。在转型经济国家，由于政府掌握着公司所需要的稀缺资源配置权，而企业慈善捐赠能够给企业的利益相关者带来好处，进而博得利益相关者的好感（Berman et al.，1999；2005），所以，政府会将稀缺信贷资源配置给进行更多慈善捐赠的企业，这样，进行慈善捐赠的企业能获得一定的融资便利。企业通过慈善捐赠行为与地方政府建立良好的沟通关系，而这能够给企业带来融资便利（Fisman，2001；Gao et al.，2012）。Shleifer 和 Vishny（1994）认为，在市场经济体制不健全的情况下，私营企业很难获得银行借款，私营企业通过慈善捐赠和政府建立政治关系来解决融资难的现象更明显。学者以中国上市公司数据为样本进行研究发现，民营企业慈善捐赠能够更好地保护企业的财产所有权，并与政府建立良好的战略联盟关系，这种战略联盟关系促进了民营企业的债务融资。因此，家族企业慈善捐赠对企业的债务融资有积极影响。

家族企业通过慈善捐赠与地方政府建立政治关系，地方政府对企业的态度会变得更为积极，地方政府就会对本地企业提供财政补贴，以扶持企业发展。唐清泉等（2007）研究发现，企业主动承担越多的社会目标，企业所获得的政府补助也越多。因此，如果家族企业积极主动参与企业慈善捐赠等社会责任行为，就会得到更多的政府补贴。

综上所述，本书提出以下假设：

假设 12：家族企业慈善捐赠与债务融资呈正相关关系。

假设 13：家族企业慈善捐赠与政府补贴呈正相关关系。

5.2.3 企业融资和政府补助的中介效应

5.2.3.1 企业融资、政府补助与企业价值的关系

中国信贷市场不发达，造成民营企业融资难问题长期存在，而一定的债务融资对于民营企业来说，能加强企业治理，提高企业绩效。根据 Jensen 和 Mecking（1976）的委托代理理论，一定的公司债务能够缓解与股东、管理者的冲突，降低股权的代理成本，有利于提升企业绩效。家族企业较难获得银行的长期借款，一旦得到表明该企业有实力或声誉较好，家族企业会慎重进行投资，尽量避免高风险的投资，并加强公司的治理，这些对提升企业价值有积极影响。家族企业的大部分资金都来自于家族，债务融资对于企业造成还款压力，可以发挥更好的激励作用。Mayer（1981）等认为，债务融资能有更强的治理作用。债务融资主要是银行借款，由于银行等债权人是专业机构，会对其债务的事前、事中、事后进行控制严格，因此，银行借款对企业的约束力更强。银行作为专业机构可以有效监督企业的经营行为，一旦债权人的权益受到损害，可以采取一定的方式实现对企业的监管，对企业有较强的约束力。

关于政府补贴与企业价值的关系国内外学者都有相关研究。Lee（1996）通过对韩国制造业的研究发现，政府投资补贴对制造业部门的产出及资本增长有积极影响。Bergstrom（2000）以瑞典企业为样本进行实证分析，得出结论：政府补贴对企业未来发展有正向影响，但在短期内对生产率提高没有显著影响。Backman（1999）研究了许多亚洲国家的企业，他认为，有些企业因为得到了政府的许可证或其他补贴而获得了关键性资源，进而促进公司绩效的增长。资源依赖理论认为，组织是一个不断与外界环境交换的开放性系统，它的发展不仅受自身资源和能力的影响，还依赖于外界环境（如政府补贴等）的影响。国内学者也有相应研究，他们认为公司所获得的各项政府财政、投资等补贴对企业盈利有显著影响（冷建飞，2007；王昌，2009）。河源和白莹（2006）通过构建财政补贴与企业投资的模型，发现绝大多数上市公司得到政府补

贴后，对企业经济效率提升有一定的积极作用。随后，不少学者以上市公司为研究样本探讨了政府补贴与企业价值的关系。范黎波（2012）以农业上市公司为研究样本，从权变视角探讨了多元化、政府补贴对农业企业绩效的影响，他发现：政府补贴对农业企业价值提升有正向影响。刘云芬（2015）选择45家农业上市公司为样本，探讨了多元化、政府支持与企业绩效的关系，研究发现，政府支持（财政补贴等）对农业上市公司绩效有积极影响，农业上市公司的政府补贴会提升企业的竞争优势，进而改善企业绩效。

综上所述，本书提出研究假设：

假设14：家族企业债务融资与企业价值呈正相关关系。

假设15：家族企业政府补贴与企业价值呈正相关关系。

5.2.3.2 企业融资和政府补助的中介效应

在经济转轨时期，法律、法规不健全，使得政府干预经济过多，政府仍掌握着关键性资源的配置权，家族企业通过履行慈善捐赠等社会责任，与地方政府建立政治联系，慈善捐赠能够给企业利益相关者（如政府、消费者和供应商等）带来利益，进而博得政府的好感（Berman et al.，1999；2005）。企业的善举是企业与政府间的正向互惠行为，能使企业获得一定的融资资金。有一定融资资金的家族企业，会加强其治理，促进企业绩效的提升。学者认为企业通过慈善捐赠行为与当地政府建立良好的沟通机制，这些会给企业带来融资便利。对于家族企业来说，企业获得了稀缺借贷资金，企业有还款压力，可以更好地发挥激励作用。债务融资对企业有约束力，企业会谨慎投资，以提高资金的利用效率，提升企业价值。当前，中国资本市场发育不完善，功能还有待提升，企业的外部融资困难重重，企业利用慈善捐赠方式与政府建立良好关系是一项重要的经营战略举措。公司通过慈善捐赠行为向利益相关者传递财务状况良好的信号（Roy Shapira，2012），减少了信息不对称，从而更有利于企业获得长期借款。Ross等人提出的信号理论认为，高负债比率通常是企业绩效水平较高的信号。家族企业会合理安排借贷资源，将其投资在已经规划好的项目中，控制风险，以保障项目的顺利完成。因此，家族企业债务融资会促进企业价值的提升。

目前中国正处于经济转型时期，政府干预经济过多，政府仍掌握着关键性资源的配置权，由于法律法规不完善，产权制度不健全，促使民营企业为了生存和发展，通过慈善捐赠的方式与地方政府建立关系，地方政府会给予当地企业补助。Pfeffer 和 Salancik（1978）提出，组织与政府等外部环境是相互交换的，组织的发展离不开企业与外部环境交换所获得的关键性资源。家族企业处于弱势地位，通过慈善捐赠能快速与政府等外部环境建立良好关系，获得合法性和关键性资源（如政府补助）。学者也证实了企业所获得的各项政府财政、投资等补贴对企业盈利有显著影响（冷建飞，2007；王昌，2009）。

综上所述，本书提出以下假设：

假设 16：家族企业慈善捐赠通过债务融资对企业价值产生间接影响。

假设 17：家族企业慈善捐赠通过政府补助对企业价值产生间接影响。

5.3 变量测量

5.3.1 因变量

国内外学者用来衡量企业价值或绩效的指标种类繁多，总结一下主要分为三类：第一类是企业的财务指标，包括资产收益率（ROA）、净资产收益率（ROE）、经营现金流资产收益率等；第二类是市场指标，以托宾 Q 值（Tobin's Q 值）、股票年收益率为代表；第三类为全要素生产率指标（Total Factor Productivity）。这三类指标如何运用是根据研究者的研究目标来确定的，总体来说这三类指标各有利弊。资产收益率（ROA）、净资产收益率（ROE）、经营现金流资产收益率等财务指标综合性强，但易受会计方法和盈余管理的影响；运用 Tobin's Q 值等市场指标来衡量企业价值或绩效时，由于非流通股不具有市场价格，该部分市场价值确定得不准确；当运用全要素生产率指标衡量企业价值或绩效时，因为即使获得齐全的产出、资本、劳动力数据，仍有隐含的因素不可测量，使测量出来的全要素生产率指标可信度不高。根据本书研究目标，我们采用资产收益率（ROA）来衡量企业价值或绩效指标，因为一方面资产收益率（ROA）很少受企业资本结构的影响；另一方面国内外诸多学者以上市公司为研究样本时均采用资产收益率（ROA）衡量公司价值或绩效（薛有志等，2010）。计算公式为：

ROA=净利润÷期初和期末平均总资产

另外，模型可能存在内生性问题，为了降低内生性，本书在回归过程中对被解释变量做了一阶滞后处理。

5.3.2 自变量

慈善捐赠（LnDonation）是企业具体的慈善捐赠金额，将这一数值加 1 再进行对数处理来衡量该公司当年的捐赠规模。其中，家族企业慈善捐赠金额是根据上市公司年报财务报表附注中的"营业外支出"科目下的明细项目"公益捐赠""慈善捐赠支出""公益性支出""公益性捐赠支出""公益救济性捐赠支出""救济性捐赠""救急捐赠""救济捐赠支出""捐赠款""捐款""对外捐赠支出""捐款以及捐赠"12 种项目汇总整理得到的。对慈善捐赠金额进行对数化处理主要有两个方面的考虑：一是可以降低分析结果中产生的异方差；二是保证统计估计的有效性。

5.3.3 中介变量

企业融资（Loan），是企业的年末总借款与年末总资产的比值，根据李维安（2015）做法，企业融资公式为：

企业债务融资水平=年末（短期借款+一年内到期的非流动负债+长期借款）÷年末总资产

政府补助（Gov），本书所使用的政府补助数据来源为：2005—2014 年数据来自于 CSMAR"财务报表附注"中"营业外收支"的具体项目，从这些具体项目中手工筛选出"政府补助"及其相关明细项目。运用企业在慈善捐赠下一期所得的政府补助较上一期变化值与营业收入的比值来衡量具体的政府补助（Gov）。

5.3.4　控制变量

企业规模（Size），为上市家族企业的规模变量，用家族企业的总资产取自然对数得到。一般来说，总资产规模大的家族企业就拥有优势，会占据更多的市场份额，就有能力进行更多的慈善捐赠。因此，本书预期家族企业规模与企业慈善捐赠是正相关关系。

资产负债率（Lev），根据 Waddock 和 Graves（1997）、苏启林（2004）的研究发现，企业资产负债率越高，则企业的绩效越低。本书认为，企业的债务融资情况不同，在金融市场上遇到的风险就不同，就会影响企业的价值和慈善捐赠战略。该指标用家族企业长期负债与总资产的比值来衡量。

广告强度（Ad）会影响企业的慈善捐赠行为（王倩，贾生华，2014），参照王倩（2014）的做法，用企业的销售费用除以销售额来衡量该指标。

冗余资源（Slack），按照 Tan 和 Peng 论文中对该变量的界定，冗余资源主要分为两类：（1）未被吸收的（Unabsorbed）冗余。未被吸收的冗余比较灵活，比如现金、信用额度等类似现金等价物的资产。（2）已被吸收的（Absorbed）冗余。已被吸收的冗余存在于企业的内部管理中，有很多不同的测量方法：孙德升用销售成本费用比率来测量，有的学者用销售费用、财务费用和管理费用等来测量，而 Tan 和 Peng 的论文中用大型设备维修基金、应付账款和存货来测量。有的学者用若干代理变量来测量冗余资源，引起了理论界的争议。在舆论压力背景下，我们采用冗余资源度来代表家族企业冗余资源的丰富程度（王倩，贾生华，2014），即采用流动资产与流动负债的比值来衡量冗余资源。

企业成长性（Growth），企业未来的绩效通常需要根据企业的成长性来进行预测。一般来说，成长能力好的企业，未来企业的价值就比较大。根据本书的研究目的，我们采用学者们常用的主营业务收入增长率来衡量企业的成长性（李四海等，2012）。

企业风险（Risk），企业价值的高低与企业风险紧密相关，风险越低，企业的价值越高。企业的风险包括四个方面：经营风险、管理风险、法律风险和财务风险。最常用的是财务风险，本书采用 Surroca 等 （2010）的做法，采用企业综合杠杆来衡量企业风险，公式为：

综合杠杆（Risk）＝（营业收入－营业成本）÷利润总额

上一期企业财务绩效（Lagged Financial Performance，Lfp），控制上一期企业财务绩效，目的是减少时间序列数据的自相关产生的影响。

另外，本书还控制了家族企业所在行业（Industry）和年份（Year）因素（Brammer & Millington，2008；毛世平，2009）的影响。根据中国证监会 2012 年 10 月公布的上市公司行业分类指引，将上市家族企业按照界定的行业类型分为 14 类，划分为 13 个虚拟变量。与此同时，我们针对不同年份家族企业慈善捐赠情况的差异性，将时间 2005—2014 年划分为 9 个虚拟变量，见表 5-1。

表 5-1   变量定义

	名称	变量	变量简称	定义
因变量	企业绩效	资产收益率	ROA	净利润÷期初和期末平均总资产
自变量	慈善捐赠	慈善捐赠额度	LnDonation	Ln（1+捐赠金额）
中介变量	企业融资	企业债务融资水平	Loan	年末（短期借款+一年内到期的非流动负债+长期借款）÷年末总资产
	政府补助	政府补助	Gov	下一期的政府补助较上一期变化值÷营业收入
控制变量	企业规模	企业规模	Size	Ln（总资产）
	资产负债率	资产负债率	Lev	企业长期负债与总资产的比值
	广告强度	广告强度	Ad	销售费用÷销售额
	冗余资源	冗余资源度	Slack	流动资产÷流动负债
	企业成长性	企业成长性	Growth	主营业务收入增长率
	企业风险	综合杠杆	Risk	（营业收入－营业成本）÷利润总额
	上一期企业财务绩效	上一期企业财务绩效	Lfp	上一期企业财务绩效
	行业	行业哑变量	Industry	行业虚拟变量
	年份	年份哑变量	Year	年份虚拟变量

5.4 估计方法

5.4.1 分析方法

根据 Baron 和 Kenny（1986）的文献中定义的部分中介过程，要验证企业融资和政府补助的中介效应，需要中介变量满足方程（1）~（3）的关系。温忠麟（2004；2005；2014）的文献中验证中介效应时认为，对于解释变量 X 对被解释变量 Y 的影响，如果解释变量 X 通过影响变量 M 来影响被解释变量 Y，则变量 M 是中介变量。它们之间的关系可以用如下回归方程表示：

$$Y=cX+ e_1 \tag{1}$$

$$M=aX+ e_2 \tag{2}$$

$$Y=c'X + bX +e_3 \tag{3}$$

假设方程（1）中的因变量 Y 与自变量 X 显著相关，则方程中回归系数 c 就显著，回归系数 c 是 X 对 Y 的总效应；假设方程（2）中中介变量 M 与自变量 X 显著相关，则方程中回归系数 a 就显著，回归系数 a 是 X 对 M 的效应；假设方程（3）中因变量 Y 与自变量 X 显著相关，因变量 Y 与中介变量 M 显著相关，则方程中回归系数 c' 和 b 就显著，回归系数 c' 是控制了中介变量 M 之后 X 对 Y 的直接效应，回归系数 b 是在控制了自变量 X 之后 M 对 Y 的效应。

检验中介效应的步骤为：第一步，检验方程（1）中 X 对 Y 的总效应系数 c，如果 c 显著，继续第二步，如果不显著就按照遮掩效应进行分析。第一步检验总效应系数 c 无论是否显著，都可以进行后续检验。第二步，依次检验方程（2）中自变量 X 对中介变量 M 的效应（系数 a）和方程（3）在控制了自变量 X 之后中介变量 M 对因变量 Y 的效应（系数 b），如果系数 a，b 都显著，说明中介效应存在，继续下一步，如果系数 a，b 中至少有一个系数不显著，就需要转到第四步。第三步，检验方程（3）中控制了中介变量 M 之后，X 对 Y 的直接效应系数 c'，如果系数 c' 不显著，说明自变量（X）完全通过中介变量 M 对因变量

Y 产生影响；如果系数 c′ 显著，说明自变量（X）只有一部分通过中介变量 M 对因变量 Y 产生影响。第四步，做 Sobel 检验，检验统计量为：$Z = \hat{a}\hat{b}/\sqrt{\hat{a}^2 s_b{}^2 + \hat{b}^2 s_a{}^2}$，其中 S_a，S_b 分别是 $\hat{a}$，$\hat{b}$ 的标准误。如果显著，存在中介效应，否则，不存在中介效应。上述中介效应检验过程如图 5-1 所示。

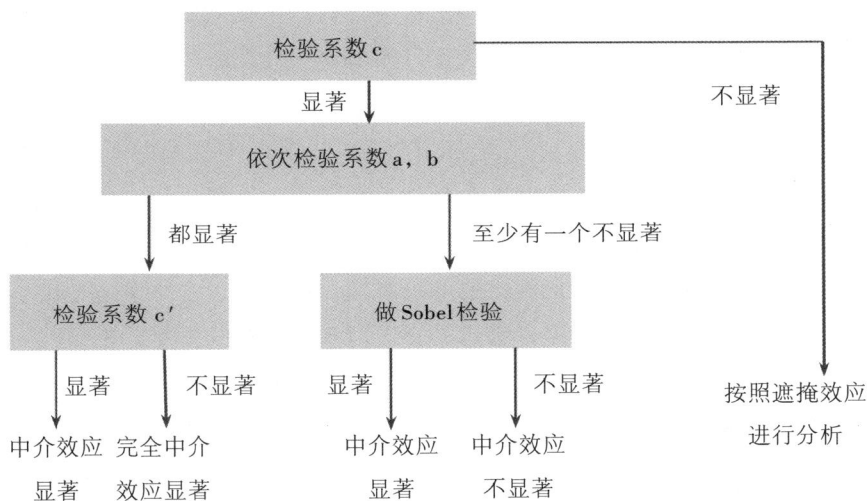

图 5-1 中介效应检验程序

基本回归模型如下：

$$ROA_{it}=\beta+\gamma_1 Size_{it}+\gamma_2 Lev_{it}+\gamma_3 Ad_{it}+\gamma_4 Slack_{it}+\gamma_5 Growth_{it}+\gamma_6 Risk_{it}+$$
$$\gamma_7 Lfp_{it}+\gamma_8 LnDonation_{it}+YearDummy+IndustryDummy+\mu \qquad (4)$$

$$Loan_{it}=\beta+\gamma_1 Size_{it}+\gamma_2 Lev_{it}+\gamma_3 Ad_{it}+\gamma_4 Slack_{it}+\gamma_5 Growth_{it}+\gamma_6 Risk_{it}+$$
$$\gamma_7 Lfp_{it}+\gamma_8 LnDonation_{it}+YearDummy+IndustryDummy+\mu \qquad (5)$$

$$ROA_{it}=\beta+\gamma_1 Size_{it}+\gamma_2 Lev_{it}+\gamma_3 Ad_{it}+\gamma_4 Slack_{it}+\gamma_5 Growth_{it}+\gamma_6 Risk_{it}+\gamma_7 Lfp_{it}+$$
$$\gamma_8 LnDonation_{it}+\gamma_9 Loan_{it}+YearDummy+IndustryDummy+\mu \qquad (6)$$

$$Gov_{it}=\beta+\gamma_1 Size_{it}+\gamma_2 Lev_{it}+\gamma_3 Ad_{it}+\gamma_4 Slack_{it}+\gamma_5 Growth_{it}+\gamma_6 Risk_{it}+$$
$$\gamma_7 Lfp_{it}+\gamma_8 LnDonation_{it}+YearDummy+IndustryDummy+\mu \qquad (7)$$

$$ROA_{it}=\beta+\gamma_1 Size_{it}+\gamma_2 Lev_{it}+\gamma_3 Ad_{it}+\gamma_4 Slack_{it}+\gamma_5 Growth_{it}+\gamma_6 Risk_{it}+\gamma_7 Lfp_{it}+$$
$$\gamma_8 LnDonation_{it}+\gamma_{10} Gov_{it}+YearDummy+IndustryDummy+\mu \qquad (8)$$

其中：ROA 为家族企业的价值或绩效，Size 表示企业规模，Lev 表示企业的资产负债率，Ad 为企业的广告强度，Slack 为企业的冗余资源，Growth 代表企业的成长性，Risk 为企业的风险，Lfp 为企业上一期财务绩效，LnDonation 为企业的慈善捐赠额度，Loan 表示企业的债务融资，Gov 表示企业的政府补助。

5.4.2　内生性问题的处理

内生性问题是计量经济研究中必然要面对的重要问题。内生性是指模型中的自变量与误差项之间有关系，不满足线性回归的假设，使得到的估计结果不可靠。产生内生性的原因较多，总结来说主要有测量误差、联立性偏误、遗漏变量等。

本书汇总已有的关于企业财务绩效影响因素的文献，尽可能控制了与其相关的变量，以保证不会因遗漏变量问题而产生误差。因此，在样本量足够大的情况下，为确保结论的稳健性，控制变量宁可多一个也不能少一个。我们正是基于以上考虑，来选取本书的控制变量，不会因为遗漏变量而产生内生性。

模型中解释变量和被解释变量互为因果也会导致内生性问题，本书主要探讨该类内生性问题，即家族企业慈善捐赠与企业财务绩效在一定程度上互为因果，家族企业慈善捐赠与企业融资在一定程度上互为因果，家族企业慈善捐赠与政府补助在一定程度上互为因果，家族企业的企业融资与企业财务绩效在一定程度上互为因果，家族企业政府补助与企业财务绩效在一定程度上互为因果。针对这类内生性问题，本书使被解释变量滞后一期，以解决可能存在的内生性问题。

5.5　实证分析与结果

5.5.1　描述性统计

解释变量与被解释变量的平均值（Mean）、标准方差（Sd）、中位数（Median）、最大值（Max）和最小值（Min）如表 5-2 所示。由表 5-2 可知，上市家族企业资产收益率 ROA 标准差大于均值，说明不同企业的 ROA 存在很大差异。样本企业总借款占总资产比例的平均值为

19%，说明债务融资对家族企业发展非常重要，标准差为 0.304，说明不同企业的借款规模存在一定程度的差别。在前面第 3 章和第 4 章的描述性统计中显示，样本企业平均 73.9% 都参加过慈善捐赠，表明家族企业积极履行慈善捐赠社会责任行为。

表 5-2　　　　　　　　　　　变量描述性统计

变量	Mean	Sd	Min	Median	Max
企业绩效	0.046	0.222	−8.753	0.046	3.116
捐赠额度	9.436	5.850	0	12.06	18.22
企业规模	21.41	1.053	16.51	21.29	25.13
资产收益率	0.453	0.475	0.025	0.434	12.24
广告强度	0.085	0.432	0	0.043	19.00
冗余资源	2.527	2.797	0.011	1.658	36.57
企业成长性	5.389	86.67	−12.19	0.118	2 355
综合杠杆	2.170	4.832	−80.23	1.407	76.72
债务融资	0.190	0.304	0	0	2.214
政府补助	0.012	0.034	0	0.004	0.926
上一期财务绩效	0.049	0.107	−0.677	0.044	3.116

5.5.2　相关性分析

回归模型中的主要变量 Pearson 的相关系数分析结果如表 5-3 所示。从变量间的相关系数来看，家族企业绩效与慈善捐赠金额、企业融资、政府补助、企业规模、资产负债率、冗余资源和上一期财务绩效等变量均呈现显著相关性。主要控制变量对企业价值都有影响，就分析家族慈善捐赠与企业价值的关系而言，本书所选择的控制变量是合适的。虽然主要解释变量之间存在相关性，但相关系数绝对值均小于 0.4，而且模型的方差膨胀因子小于 10，模型中的解释变量不存在多重共线性。

表 5-3 相关性分析结果

	1.ROA	2.LnDonation	3.Size	4.Lev	5.Ad	6.Slack	7.Growth	8.Risk	9.Loan	10.Gov	11.Lpf
1	1										
2	0.0689***	1									
3	0.0445***	0.3796***	1								
4	-0.2898***	-0.048**	0.0155	1							
5	-0.0005	-0.0316	-0.0288	-0.0099	1						
6	0.0626***	-0.0174	-0.1959***	-0.2915**	0.0297	1					
7	-0.0013	-0.0347	-0.0287	0.0016	-0.0337	0.0016	1				
8	-0.0247	-0.0157	0.0245	0.0198	-0.0093	-0.0926***	-0.096	1			
9	0.0138*	0.1251***	0.3103***	0.0946***	-0.0513***	-0.0363	0.0417*	0.0435*	1		
10	0.0096*	0.0062	-0.0175	-0.0696**	0.0240	0.1959**	-0.0188	0.0036	0.0684***	1	
11	0.1485***	0.0048	-0.1029***	0.3130***	0.0030	0.0520**	-0.0012	-0.1091***	-0.0615**	-0.0109	1

注：*$p < 0.1$，**$p < 0.05$，***$p < 0.01$，括号中为标准误。

5.5.3 回归分析结果

5.5.3.1 企业融资对家族企业慈善捐赠与企业绩效关系的中介作用

为了检验研究假设，我们以企业绩效 ROA 为因变量，先加入控制变量和自变量，从表 5-4 模型 4 的回归结果中可知，家族企业慈善捐赠对企业绩效的总效应为 0.0008，并在 0.1 水平上显著，支持了假设 11，根据温忠麟等（2004；2005）的中介效应检验程序，意味着可以继续进入第二步检验。从表 5-4 模型 5 可知，家族企业慈善捐赠对企业融资的回归系数为 0.004，并在 0.01 水平上显著，支持了假设 12。从模型 6 可以看出，中介变量 Loan 对企业绩效的回归系数为 0.028，并在 0.01 水平上显著，慈善捐赠额度对企业绩效的回归系数为 0.0009，在 0.1 水平上显著，支持了假设 14 和假设 16。因此，由温忠麟等（2004；2005）的中介效应检验程序，可知企业融资水平对慈善捐赠与企业绩效的关系是部分中介效应。

5.5.3.2 政府补助对家族企业慈善捐赠与企业绩效关系的中介作用

为了检验政府补助的中介效应，从表 5-4 模型 4 的回归结果中可知，家族企业慈善捐赠对企业绩效的总效应为 0.0008，并在 0.1 水平上显著，根据温忠麟等（2004；2005）的中介效应检验程序，意味着可以继续进入第二步检验。从表 5-4 模型 7 可以得知，家族企业慈善捐赠对政府补助的回归系数为正，但不显著，假设 13 没有得到支持。从模型 8 可以看出，中介变量 Gov 对企业绩效的回归系数为 -0.058，并不显著，因此，需要进行第四步 Sobel 检验，检验统计量是 $Z = \hat{a}\hat{b}/\sqrt{\hat{a}^2 s_b^2 + \hat{b}^2 s_a^2}$，此处 $\hat{a}$ 是模型 7 中家族企业慈善捐赠额度对政府补助的回归系数，$\hat{b}$ 为模型 8 中的政府补助对企业绩效的系数 -0.058，S_a 是模型 7 中慈善捐赠额度系数的标准差 0.0002，S_b 是模型 8 中政府补助系数的标准差 0.069，把相应值代入 Z 统计量公式计算出 Z 值为 -0.342，P 值大于 0.1，因此，政府补助 Gov 对家族企业慈善捐赠额度 LnDonation 与企业绩效 ROA 关系的中介效应不显著，假设 13、假设 15 和假设 17 没有得到支持。

表 5-4 中介效应回归分析结果

	模型 4 因变量 ROA	模型 5 中介变量 Loan	模型 6 因变量 ROA	模型 7 中介变量 Gov	模型 8 因变量 ROA
企业规模	-0.011*** (0.003)	0.112*** (0.009)	-0.008*** (0.003)	0.003*** (0.001)	-0.011*** (0.003)
资产负债率	0.118*** (0.007	0.035** (0.014)	0.120*** (0.007)	-0.001 (0.002)	0.118*** (0.007)
广告强度	0.035 (0.028)	-0.488*** (0.106)	0.022 (0.028)	0.075*** (0.012)	0.036 (0.028)
冗余资源	0.007*** (0.001)	0.014*** (0.003)	0.007*** (0.001)	0.002*** (0.0004)	0.007*** (0.001)
企业成长性	-1.58e-05 (2.86e-05)	0.0001** (5.99e-05)	-1.55e-05 (2.86e-05)	-2.22e-06 (9.06e-06)	-1.59e-05 (2.86e-05)
综合杠杆	-0.003*** (0.0006)	-0.0002 (0.001)	-0.002*** (0.0006)	0.0003* (0.0002)	-0.003*** (0.0006)
上一期财务绩效	-0.136*** (0.026)	-0.059 (0.055)	-0.140*** (0.026)	-0.0009 (0.008)	-0.136*** (0.026)
捐赠额度	0.0008* (0.0005)	0.004*** (0.001)	0.0009* (0.0005)	7.50e-05 (0.0002)	0.0008* (0.0005)
债务融资			0.028*** (0.009)		
政府补助					-0.058 (0.069)
常数项	0.211*** (0.059)	-2.254*** (0.187)	0.160*** (0.062)	-0.0683*** (0.024)	0.210*** (0.060)
行业	Yes	Yes	Yes	Yes	Yes
年份	Yes	Yes	Yes	Yes	Yes
F	338.83***	258.35***	349.70***	114.23***	339.48***
观测值	1 524	1 647	1 523	1 647	1 524
R-squared	0.183	0.137	0.188	0.056	0.183

注：*p<0.1，**p<0.05，***p<0.01，括号中为标准误。

我们进一步计算出中介效应占总效应的比例，企业融资 Loan 对家族企业慈善捐赠额度与企业绩效关系所起的中介效应占家族企业慈善捐赠额度对企业绩效总效应的比重 Z=11.07%。

通过以上的实证分析，可知本章的研究假设大部分得到了验证，汇总前文提及的研究假设验证结果如表 5-5 所示。

表 5-5 　　　　　　研究假设验证情况汇总表

研究假设		是否验证
假设 11	家族企业慈善捐赠与企业价值是显著正相关关系	是
假设 12	家族企业慈善捐赠与债务融资呈正相关关系	是
假设 13	家族企业慈善捐赠与政府补贴呈正相关关系	否
假设 14	家族企业债务融资与企业价值呈正相关关系	是
假设 15	家族企业政府补贴与企业价值呈正相关关系	否
假设 16	家族企业慈善捐赠通过债务融资对企业价值产生间接影响	是
假设 17	家族企业慈善捐赠通过政府补助对企业价值产生间接影响	否

5.6　发现与讨论

综合以上实证分析，可以得出：

（1）家族企业慈善捐赠与企业价值是显著正相关关系。从利益相关者理论出发，企业慈善捐赠是利益相关者的支持行为，良好的利益相关者关系增强了利益相关者对企业的信任。企业的慈善捐赠会吸引消费者、供应商和其他利益相关者，增加了企业获取竞争性稀缺资源的机会，而且也有利于降低企业的交易成本（Hansen et al.，2008）。良好的利益相关者关系还可以为企业带来无形资产，缓解企业遭受各种负面行为对企业的不利影响。Choi 等（2009）认为，良好的利益相关者关系能在长期内增强企业的竞争优势，进而提升企业价值。总之，企业慈善捐赠能引起企业利益相关者的好感，增加企业的可利用资源，也可改善企业的经营环境，提升企业的核心竞争能力，对企业价值产生直接或间接的增值作用（Porter，2002）。

（2）家族企业慈善捐赠与债务融资呈正相关关系。根据社会交换理论，家族企业与政府等利益相关者进行交换，进而提高获得债务融资的能力。家族企业通过慈善捐赠与消费者、投资者和债权人等利益相关者进行市场交换。Godfrey（2005）认为，企业慈善捐赠行为可以给企业带来无形资产（如良好企业形象和声誉），良好的企业形象有利于企业获得外部债务融资，最终提升企业价值。家族企业与政府等进行交换，慈善捐赠行为有助于建立和维护企业与政府的关系，Sim（2003）认为，企业的慈善捐赠是一种政治战略，通过慈善捐赠，企业可以获得稀缺资源，并与政府建立良好的沟通关系，从而更好地获得信贷资源。企业慈善捐赠行为是一种向公众表明企业价值观和实力的信号，也是向市场发出企业有良好的发展前景的信号，尤其是在信息不对称背景下，该信号的作用更明显，作为企业利益相关者的消费者、政府等对企业的慈善捐赠会有正面评价，政府会对这类企业在分配信贷资源上有所倾斜，进而缓解企业融资压力。

（3）家族企业慈善捐赠通过债务融资对企业价值产生间接影响。在经济转轨时期，法律、法规不健全，使得政府干预经济过多，政府仍掌握着关键性资源的配置权，家族企业通过履行慈善捐赠等社会责任，与地方政府建立政治联系，慈善捐赠能够给企业利益相关者（如政府、消费者和供应商等）带来利益，进而博得政府的好感（Berman et al.，1999；2005），企业的善举是企业与政府间的正向互惠行为，能使企业获得一定的融资渠道。有一定融资资金的家族企业，会加强其治理，促进企业绩效的提升。

对于企业慈善捐赠与企业价值之间的关系，研究者经过二三十年的研究，仍未就两者之间的关系取得一致性结论。通过前文分析，已证实了家族企业进行慈善捐赠有其家族动机，同时还受到制度环境的影响。家族企业为保护家族成员的社会情感财富而进行更多的慈善捐赠。在制度环境影响下，家族企业为得到合法性而进行更多的慈善捐赠，进而履行更多的企业社会责任。通过上述分析可知，家族企业慈善捐赠与企业价值的关系有深层次的影响因素。为了进一步揭示两者关系之间的黑箱，我们通过引入中介变量（企业融资、政府补助）来明晰家族企业慈善捐赠和企业价值的关系。通过实证分析可知，家族企业债务融资对家族企业慈善捐赠与企业价值的关系起部分中介作用，而政府补助对家族企业慈善捐赠与企业价值的关系不起中介作用。主要原因可能是所研究的样本企业中只有 1.2% 的家族企业有政府补助，表明家族企业得到政府补助并不普遍，因此，会造成政府补助对家族企业慈善捐赠与企业价值的关系不起中介作用。

第6章 研究结论、启示与展望

6.1 研究结论

　　本书重点阐述了家族企业慈善捐赠的影响因素及效果评价。从家族企业内部家族层面和企业外部的制度环境变化两个方面，探讨家族企业参与慈善捐赠行为的影响因素，进一步厘清家族企业慈善捐赠的影响因素，并对慈善捐赠的效果进行评价。本书提出三大问题：（1）在社会情感财富框架下，研究家族涉入对企业慈善捐赠的影响，揭示不同股权制衡度和冗余资源的家族企业慈善捐赠的动机；（2）探索在三种制度环境——规制制度环境、规范制度环境和认知制度环境下，家族涉入和慈善捐赠的关系，进一步分析制度环境在家族企业慈善捐赠行为中的作用；（3）研究家族企业的慈善捐赠与企业价值的关系，引入中介变量（企业融资、政府补助）来明晰家族企业慈善捐赠和企业价值的深层次关系。

6.1.1 家族涉入与企业慈善捐赠关系的研究结论

对于家族涉入与企业慈善捐赠的关系及不同股权制衡度和冗余资源对两者的调节作用，本书的发现主要归纳为以下三点：

第一，家族涉入与企业慈善捐赠基本是正相关关系，家族所有权比例和家族控制持续时间均对企业慈善捐赠有积极影响。从社会情感财富角度分析，家族涉入的程度越高，家族和公司的利益越一致，企业主就有更强动机通过慈善捐赠等这种自保行为来保护和增强家族的社会情感财富（Dou et al.，2014），家族企业履行慈善捐赠等社会责任行为能为企业积累道德和声誉资本（Godfrey，2005）。家族拥有所有权比例越高，家族控制持续时间越长，家族就有越多的企业战略决策权，企业主越希望家族文化能传承和延续下去，家族慈善是家族财富的传承方式，能保护家族成员的社会情感财富，让家族企业持续发展。

第二，股权制衡度和冗余资源强化家族涉入与企业慈善捐赠的正向关系。股权制衡度高的家族企业，大股东自身对企业管理的监督能力和动机都会更强烈，这有利于发挥家族企业管理层的经营决策能力，使之更加科学（Makhija，2004）。股东和家族企业目标趋同，外部股东也会支持企业董事的战略决策，因为绝大多数家族企业所有权和经营权仍掌握在家族手中（陈凌等，2011），企业主会有更强动机去进行慈善捐赠以保护家族社会情感财富。本书得出结论：股权制衡度能强化家族涉入与企业慈善捐赠的正相关关系。冗余资源正向调节家族涉入与企业慈善捐赠的关系。家族涉入程度越高的企业，为了让企业更具合法性，往往会参加更多的慈善捐赠等有社会影响力的活动，企业有更多的潜在资源才能使这些活动顺利开展。冗余资源的重要作用就在于为家族企业能顺利开展这些活动提供了可能。结论表明：冗余资源强化家族所有权比例、家族控制持续时间与企业慈善捐赠的正向关系。

第三，在股权制衡度和冗余资源两个维度上，实证结果显示：冗余资源高、股权制衡度高的家族企业，家族涉入的两个变量指标与慈善捐赠显著正相关；冗余资源低、股权制衡度高的家族企业，家族涉入的一个变量与企业慈善捐赠正相关；冗余资源低、股权制衡度低的家族企业，家族所有权比例和家族控制持续时间对企业慈善捐赠有积极影响。本书认为，这主要是因为家族企业与国有企业、外资企业不同，国有企业、外资企业能获得国家政策上的支持，有天然的合法性，而家族企业缺乏这种天然合法性，如果企业没有闲置资源，股权制衡度低，企业主可能会通过慈善捐赠战略来快速建立和政府的关系，得到公众和政府等外部利益相关者的认可。

6.1.2 制度环境对家族涉入与企业慈善捐赠关系影响的研究结论

对于制度环境在家族涉入与企业慈善捐赠关系中所起的作用，本书的发现主要归纳为以下三点：

第一，规制制度能强化家族涉入与企业慈善捐赠关系的研究假设部分得到验证，即规制制度正向调节家族所有权比例与企业慈善捐赠的关系，正向调节家族成员进入董事会比例与企业慈善捐赠的关系。具体来说，当宏观的规制制度环境水平较低时，家族所有权比例、家族成员进入董事会比例与企业慈善捐赠的正相关关系也减弱了。

第二，规范制度能强化家族涉入与企业慈善捐赠关系的研究假设部分得到验证，即规范制度正向调节家族成员进入董事会比例与企业慈善捐赠的关系。具体来说，当宏观的规范制度环境水平较低时，家族成员进入董事会比例与企业慈善捐赠的正相关关系也减弱了。

第三，认知制度正向调节家族涉入与慈善捐赠关系的研究假设部分得到验证，即认知制度正向调节家族所有权比例与企业慈善捐赠的关系，正向调节家族控制持续时间与企业慈善捐赠的关系。具体来说，对于认知制度环境来说，公众对企业慈善捐赠行为的评价正向调节家族所有权比例与企业慈善捐赠的关系，正向调节家族控制持续时间与企业慈善捐赠的关系。

6.1.3 家族企业慈善捐赠的效果评价的研究结论

评价家族企业慈善捐赠的效果，本书的研究发现主要归纳为以下三点：

第一，家族企业慈善捐赠与企业价值是显著正相关关系。从利益相关者理论出发，企业慈善捐赠是利益相关者的支持行为，良好的利益相关者关系增强了其对企业的信任。企业的慈善捐赠会吸引消费者、供应商和其他利益相关者，增加了企业获取竞争性稀缺资源的机会，而且也有利于降低企业的交易成本（Hansen et al.，2008）。良好的利益相关者关系还可以减少企业负面行为的损失。Choi 等（2009）认为，良好的利益相关者关系能在长期内增强企业的竞争优势，进而提升企业价值。总之，企业慈善捐赠能引起企业利益相关者的好感，增强企业可利用资源，也可改善企业的经营环境，提升企业核心竞争能力，对企业价值产生直接或间接的增值作用（Porter，2002）。

第二，家族企业慈善捐赠对债务融资有积极影响。基于社会交换理论，家族企业与政府等利益相关者进行交换，进而提高获得债务融资的能力。家族企业通过慈善捐赠与消费者、投资者和债权人等利益相关者进行市场交换。Godfrey（2005）认为，企业慈善捐赠行为可以给企业带来无形资产（如良好的企业形象和声誉），良好的企业形象有利于企业获得外部债务融资，最终提升企业价值。家族企业与政府等进行交换，企业慈善捐赠有助于建立和维护与政府的关系。企业慈善捐赠行为是一种向公众表明企业价值观和实力的信号，也是向市场发出企业有良好的发展前景的信号，尤其是在信息不对称背景下，该信号的作用更明显，作为企业利益相关者的消费者、政府等对企业的慈善捐赠会有正面评价，政府会对这类企业在分配信贷资源上有所倾斜，进而缓解企业融资压力。

第三，家族企业慈善捐赠是通过中介变量——债务融资对企业价值产生影响的。关于新兴经济体的法律、法规不健全，使得政府干预经济过多，政府仍掌握着关键性资源的配置权，家族企业通过履行慈善捐赠等社会责任，与地方政府建立政治联系，慈善捐赠能够给企业利益相关者（如政府、消费者和供应商等）带来利益，进而博得政府的好感（Berman et al.，1999；2005），企业的善举是企业与政府间的正向互惠行为，能为企业获得一定的融资资金。有一定融资资金的家族企业，会加强其治理，促进企业绩效的提升。

6.2 研究启示

6.2.1 理论贡献

回顾全书研究内容，经过理论推演和实证分析，本书的理论贡献有以下三个方面：

第一，本书完善和发展了企业慈善捐赠的影响因素的相关内容，多数学者主要从企业层面解释慈善捐赠行为的影响因素，而本书则从家族层面探究了家族企业慈善捐赠的影响因素，从家族的内容和外部环境深入分析，从新的视角研究其影响因素，同时指出在家族企业慈善捐赠的研究中，家族决策者是重要的影响因素。

第二，本书依据家族企业的异质性（Heterogeneity），在股权制衡度和冗余资源不同的家族企业，分析其慈善捐赠背后的家族动机。大多数文献对家族企业慈善捐赠的研究主要是比较家族企业与非家族企业的区别，本书创造性地运用了象限分析法，分析不同类型的家族企业的家族涉入与企业慈善捐赠之间的关系，探讨家族企业进行慈善捐赠的资源分配方式。家族涉入本身具有的家族情结对慈善捐赠具有积极影响，企业主会为了家族声誉和企业形象而进行慈善捐赠。本书结合社会情感财富理论、股权结构和冗余资源理论，探析家族涉入对慈善捐赠的影响及股权制衡度、冗余资源对家族涉入与企业慈善捐赠关系的调节效应，研究结果对家族企业慈善捐赠研究领域的文献有一定的贡献。

第三，本书运用 Scott 的制度三大支柱模型系统地考察了制度环境对家族涉入与企业慈善捐赠关系的调节效应。制度理论关注的是制度环境对企业行为决策的影响和约束，组织是处于宏观制度环境中的，不同类型的制度环境对企业的行为决策有不同的影响。而企业的慈善捐赠活动本身是一种社会情境下的战略决策，受情境中制度的影响，因此，本书从宏观制度环境的三个维度即规制制度环境、规范制度环境和认知制度环境出发，分析其在家族企业慈善捐赠中的作用，为进一步探究家族涉入与企业慈善捐赠的关系提供了不同的分析视角。

6.2.2 实践启示和政策建议

本书具有较强的实践意义。中国经济 30 多年来迅速发展，一部分人抓住改革开放的机遇，成为拥有财富的企业家，有些富豪企业家有强烈的社会责任感，热衷参加慈善活动，但有些富豪企业家肆意挥霍，很少回报社会，使民众对民营企业产生不良的印象。近年来也不断有媒体曝出"富二代"的不道德行径，使家族企业污名化现象严重。然而，我们通过二手数据实证研究发现，家族企业会更多地进行慈善捐赠，承担企业社会责任。结果表明，家族企业慈善捐赠有其家族动机，并且在制度环境完善的情况下，家族涉入与企业慈善捐赠的正向关系加强。因此，探讨家族企业慈善捐赠背后的逻辑对阐述家族企业慈善捐赠影响因素及效果评价尤为重要。

基于研究结论，本书认为，要增加家族企业慈善捐赠，使慈善捐赠行为常态化、规范化发展，有以下三点对策和建议：

第一，要不断完善民营经济的产权制度等相关法律法规。要保护民营经济，减少政府对其的过多干预，为民营经济发展创造更为公平的竞争环境。完善民营经济的相关法律法规，让民营企业和国有企业享受同等待遇，减少对民营经济的管制和垄断，加强对私有经济的保护和扶持，以增强民营企业主对未来经济的信心和动力。

第二，营造良好的慈善捐赠氛围与完善慈善事业相关法律法规并行。在中国，家族企业的慈善运行环境不尽如人意。一些家族企业获得的第一桶金，往往会受到公众的质疑；有些家族企业主通过艰苦创业获得财富后，想回报社会，却被部分"仇富"人群误解。这些都造成家族企业的家族慈善如履薄冰。有些家族企业成立慈善基金会，希望为企业传承和社会做出贡献，但却招致争议，在这种舆论环境下，家族慈善基金会只能小心运行，这也造成家族成员对此行为的初衷有异议，影响家族慈善事业的发展。同时，关于企业慈善捐赠事业立法滞后，对家族慈善基金会而言，缺乏其规范发展的制度土壤。现行的法律法规不合理或缺失，使得成立家族慈善基金会准入门槛高，限制其发展。政府应尽快完善相应法律，使其简单易懂，便于操作，推出更多可行的履行慈善捐赠的措施。家族慈善基金会作为慈善事业的新事物，更是需要完善法律法规，为其提供发展条件。同时，营造一种良好的社会文化环境，促进家族企业慈善事业的常态化。

第三，政府应鼓励家族慈善事业的发展，规范家族慈善运行机制，建立扶持平台。将慈善与家族企业结合，在家族企业中设立一套有效的慈善捐赠行为运行机制，有效地实现家族传承。政府应重视家族慈善事业的发展，规范家族慈善运行机制，对于建立家族慈善理事会的成员应给予奖励和优惠政策。通过互联网建立相应的扶持平台，促进其健康发展。

6.3　研究局限与展望

6.3.1　研究局限

家族企业慈善捐赠自古有之，是古老而又复杂的现象，但是家族企业慈善捐赠研究却是相当年轻的，要想全面揭示家族企业背后的逻辑是不容易的。虽然本书较全面地分析了家族企业慈善捐赠的影响因素和动机，但仍存在各种条件的制约，不能明确剖析其内在的机制。本书还存在以下局限：首先，由于本书基于社会情感财富视角进行研究，而社会情感财富理论处于起步阶段，我们无法全面测量社会情感财富的所有维度，只能用家族涉入代理变量表示，虽然有理论依据，但必定是替代变量，必然会造成一定的偏差，今后的研究需要探讨如何更全面地测量社会情感财富指标。其次，在制度环境测量方面，规制制度和规范制度采用樊纲、王小鲁等编制的市场化指数中的相关指标代替，而该市场化指数的数据截止到 2009 年，本书研究的时间窗口是从 2005—2014 年，由于作者认为 2007—2009 年各省的市场化指数变化不大，因此，本书中规制制度和规范制度从 2010—2014 年的数据采用的是 2009 年的数据，虽然有一定的合理性，但从研究的规范性角度来说，所得结论会有一定的偏差。最后，在认知制度的衡量方面，本书采用的是公众对企业慈善捐赠的评价来衡量认知制度（雷宇，2015），虽然有一定的依据，但与规制制度和规范制度在测量方法上不匹配，也会对研究结论产生影响。

6.3.2　研究展望

6.3.2.1　测量方法改进

未来研究家族企业慈善捐赠的内容时，要不断完善变量的测量，在研究方法上采用更科学、更合理的计量模型，提高研究结论的有效性。

6.3.2.2　研究家族企业慈善捐赠的效应

后续的研究要针对家族企业慈善捐赠前后企业价值的变化，分析家族企业慈善捐赠的效应，与不进行慈善捐赠的家族企业的企业价值进行比较，探究深层次的问题，还可以和非家族企业慈善捐赠进行对比，分析家族企业慈善捐赠的特有的效应。

6.3.2.3　研究家族企业慈善捐赠与企业传承研究

中国家族企业经过 30 多年的高速发展已开始进入关键的代际传承高峰期，如何成功实现家族企业的代际传承也成为当今学术研究的热点话题。家族慈善与企业传承之间有紧密的关系，今后要进一步研究家族企业慈善捐赠对企业传承的影响机理，为家族企业顺利传承献计献策。

参考文献

[1] 曹春方. 政治权力转移与公司投资——中国的逻辑 [J]. 管理世界, 2013
      (1): 143-156.

[2] 陈德球, 肖泽忠, 董志勇. 家族控制权结构与银行信贷合约: 寻租还是效
      率 [J]. 管理世界, 2013 (9): 130-143.

[3] 陈宏辉, 贾生华. 企业社会责任观的演进与发展: 基于综合性社会契约的
      理解 [J]. 中国工业经济, 2003 (12): 85-92.

[4] 陈宏辉, 王鹏飞. 企业慈善捐赠行为影响因素的实证分析——以广东省民
      营企业为例 [J]. 当代经济管理, 2010 (8): 17-24.

[5] 陈凌, 陈华丽. 家族涉入、社会情感财富与企业慈善捐赠行为 [J]. 管理
      世界, 2014 (8): 90-101.

[6] 陈凌, 李新春, 储小平. 中国家族企业的社会角色——过去、现在和未来
      [M]. 杭州: 浙江大学出版社, 2011.

[7] 陈凌, 叶长兵. 中小家族企业融资行为研究综述 [J]. 浙江大学学报: 人
      文社会科学版, 2007 (4): 172-181.

[8] 陈倩倩, 尹义华. 民营企业、制度环境与社会资本——来自上市家族企业
      的经验证据 [J]. 财经研究, 2014 (11): 71-81.

[9] 陈强. 高级计量经济学及Stata应用 [M]. 2版. 北京: 高等教育出版社,
      2014.

[10]　陈瑞霞. 浅析中国企业的慈善行为 [J]. 中国发展，2006 (1)：23-25.

[11]　程继隆. "民企二代" 调查 [M]. 北京：现代出版社，2011.

[12]　储小平. 家族企业研究：一个具有现代意义的话题 [J]. 中国社会科学，2000 (5)：51-58.

[13]　戴亦一，潘越，冯舒. 中国企业的慈善捐赠是一种政治献金吗？——来自市委书记更替的证据 [J]. 经济研究，2014 (2)：74-86.

[14]　窦军生，贾生华. 家族企业界定方法评述 [J]. 外国经济与管理，2004 (9)：21-30.

[15]　窦军生，贾生华. 家族企业代际传承理论研究前沿动态 [J]. 外国经济与管理，2007 (2)：45-50.

[16]　窦军生，贾生华. 家族企业代际传承研究的起源、演进与展望 [J]. 外国经济与管理，2008 (1)：59-64.

[17]　窦军生，张玲丽，王宁. 社会情感财富框架的理论溯源与应用前沿追踪——基于家族企业研究视角 [J]. 外国经济与管理，2014 (12)：64-71.

[18]　杜兴强，陈韫慧，杜颖洁. 寻租、政治联系与 "真实" 业绩——基于民营上市公司的经营证据 [J]. 金融研究，2010 (10)：135-157.

[19]　杜兴强，杜颖洁. 公益性捐赠、会计业绩与市场绩效：基于汶川大地震的经验证据 [J]. 当代财经，2010 (2)：113-122.

[20]　杜兴强，雷宇. 企业利益相关者的利益关系：冲突还是融合 [J]. 山西财经大学学报，2009 (6)：59-65.

[21]　段云，国瑶. 政治关系、货币政策与债务结构研究 [J]. 南开管理评论，2012 (5)：84-94.

[22]　樊纲，王小鲁，朱恒鹏. 中国市场化指数：各地区市场化相对进程2011年报告 [M]. 北京：经济科学出版社，2011.

[23]　范黎波，马聪聪，马晓婕. 多元化、政府补贴与农业企业绩效 [J]. 农业经济问题，2012 (11)：83-90.

[24]　方军雄. 公司捐赠与经济理性——汶川地震后中国上市公司捐赠行为的再检验 [J]. 上海立信会计学院学报，2011 (1)：17-26.

[25]　方军雄. 政府干预、所有权性质与企业并购 [J]. 管理世界，2008 (9)：118-123.

[26]　科特勒，李. 企业的社会责任 [M]. 姜文波，等，译. 北京：机械工业出版社，2011.

[27]　高功敬，高鉴国. 中国慈善捐赠机制的发展趋势分析 [J]. 社会科学，2009 (12)：52-63.

[28]　高勇强，陈亚静，张云均. "红领巾" 还是 "绿领巾"：民营企业慈善捐赠

动机研究 [J]. 管理世界, 2012 (8): 106-114.

[29] 高勇强, 何晓斌, 李路路. 民营企业家社会身份、经济条件与企业慈善捐赠 [J]. 经济研究, 2011 (12): 111-123.

[30] 郭剑花. 中国企业的捐赠、自愿抑或摊派——基于中国上市公司的经验证据 [J]. 财经研究, 2012 (8): 49-59.

[31] 郭剑花, 杜兴强. 政治联系、预算软约束与政府补助的配置效率——基于中国民营上市公司的经验研究 [J]. 金融研究, 2011 (2): 114-128.

[32] 贾明, 张喆. 高管的政治关联影响公司慈善行为吗? [J]. 管理世界, 2010 (4): 99-112.

[33] 江若尘. 企业利益相关者问题的实证研究 [J]. 中国工业经济, 2006 (10): 67-74.

[34] 菲佛, 萨兰基克. 组织的外部控制——对组织资源依赖的分析 [M]. 北京: 东方出版社, 2006.

[35] 贺小刚, 边燕玲. 家族权威与企业家族: 基于家族上市公司的实证研究 [J]. 经济研究, 2009 (4): 90-102.

[36] 黄丽. 企业慈善捐赠的背后: 给予是为了索取? [D]. 厦门: 厦门大学, 2014.

[37] 黄敏学, 李小玲, 朱华伟. 企业被"逼捐"现象的剖析: 是大众"无理"还是企业"无良" [J]. 管理世界, 2008 (10): 115-126.

[38] 雷宇. 慈善、"伪善"与公众评价 [J]. 管理评论, 2015 (3): 122-132.

[39] 冷建飞, 王凯. 补贴对农业上市公司盈利的影响研究——基于面板数据模型的分析 [J]. 江西农业大学学报, 2007 (2): 35-39.

[40] 李领臣. 公司慈善捐赠的利益平衡 [J]. 法学, 2007 (4): 89-96.

[41] 斯科特. 制度与组织——思想观念与物质利益 [M]. 姚伟, 王黎芳, 译. 北京: 中国人民大学出版社, 2010.

[42] 黎凯, 叶建英. 财政分权下政府干预对债务融资的影响——基于转轨经济制度背景的实证分析 [J]. 管理世界, 2007 (8): 23-34.

[43] 李四海, 陆琪睿, 宋献中. 亏损企业慷慨捐赠的背后 [J]. 中国工业经济, 2012 (8): 148-160.

[44] 李维安, 邱艾超, 古志辉. 双重公司治理环境, 政治联系偏好与公司绩效——基于中国民营上市公司治理转型的研究 [J]. 中国工业经济, 2010 (6): 85-95.

[45] 李正. 企业社会责任与企业价值的相关性研究——来自沪市上市公司的经验证据 [J]. 中国工业经济, 2006 (2): 77-83.

[46] 梁建, 陈爽英, 盖庆恩. 民营企业的政治参与、治理结构与慈善捐赠 [J].

管理世界，2010（7）：109-118.

[47] 佩波尔，理查兹，诺曼.产业组织：现代理论与实践［M］.郑江淮，等，译.北京：中国人民大学出版社，2014.

[48] 刘海建.制度环境、组织冗余与捐赠行为差异：在华中外资企业捐赠动机对比研究［J］.管理评论，2013（8）：79-93.

[49] 刘利.利益相关者利益要求实现方式的实证研究［J］.西安财经学院学报，2009（2）：78-86.

[50] 刘云芬，陈砺.多元化、政府支持与公司绩效——基于中国农业上市公司的实证研究［J］.农业技术经济，2015（2）：118-128.

[51] 罗党论，唐清泉.政治关系、社会资本与政策资源获取：来自中国民营上市公司的经验证据［J］.世界经济，2009（7）：84-96.

[52] 罗党论，唐清泉.市场环境与控股股东"掏空"行为研究——来自中国上市公司的经验证据［J］.会计研究，2007（4）：69-74.

[53] 罗党论，甄丽明.民营控制，政治关系与企业融资约束——基于中国民营上市公司的经验证据［J］.金融研究，2008（12）：164-178.

[54] 罗正英，李益娟，常昀.民营企业的股权结构对R&D投资行为的传导效应研究［J］.中国软科学，2014（3）：167-176.

[55] 波特.竞争优势［M］.陈小悦，译.北京：华夏出版社，1997.

[56] 潘必胜.乡镇企业中的家族经营问题——兼论家族企业在中国的历史命运［J］.中国农村观察，1998（1）：12-18.

[57] 潘越，戴亦一，李财喜.政治关联与财务困境公司的政府补助——来自中国ST公司的经验证据［J］.南开管理评论，2009（5）：6-17.

[58] 彭腾.论我国的慈善供给［J］.财经科学，2008（8）：96-102.

[59] 埃思里奇.应用经济学研究方法论［M］.朱钢，译.北京：经济科学出版社，1998.

[60] 唐清泉，罗党论.政府补助动机及其效果的实证研究［J］.金融研究，2007（6）：149-163.

[61] 唐睿明.我国家族上市公司股权结构与公司绩效研究［D］.大连：东北财经大学，2012.

[62] 田利华，陈晓东.企业策略性捐赠行为研究：慈善投入的视角［J］.中央财经大学学报，2007（2）：58-63.

[63] 田雪莹.冗余资源、慈善行为与企业绩效关系研究［J］.重庆大学学报：社会科学版，2015（4）：93-102.

[64] 田雪莹，叶明海.企业慈善捐赠行为的研究综述：现实发展和理论演进［J］.科技与经济，2009（1）：60-63.

[65] 山立威，甘犁，郑涛. 公司捐款与经济动机——汶川地震后中国上市公司捐款的实证研究 [J]. 经济研究，2008 (11)：51-61.

[66] 沈奇泰松. 组织合法性视角下制度压力对企业社会绩效的影响机制研究 [D]. 杭州：浙江大学，2010.

[67] 石晓军，张顺明. 商业信用、融资约束及效率影响 [J]. 经济研究，2010 (1)：102-114.

[68] 宋敏，张俊喜，李春涛. 股权结构的陷阱 [J]. 南开管理评论，2004 (1)：9-23.

[69] 苏启林，万俊毅，欧晓明. 家族控制权与家族企业治理的国际比较 [J]. 外国经济与管理，2003 (5)：2-8.

[70] 孙铮，李增泉，王景斌. 所有权性质、会计信息与债务契约——来自我国上市公司的经验证据 [J]. 管理世界，2006 (10)：100-107.

[71] 孙铮，刘凤委，李增泉. 市场化程度、政府干预与企业债务期限结构 [J]. 经济研究，2005 (5)：52-63.

[72] 王婀娣. 民营上市公司融资结构与企业价值关系研究——基于深市中小企业板的数据分析 [D]. 沈阳：辽宁大学，2012.

[73] 王保进. 多变量分析：统计软件与数据分析 [M]. 北京：北京大学出版社，2007.

[74] 王端旭，潘奇. 企业慈善行为的演化及其理论解释 [J]. 经济管理，2009 (5)：190-194.

[75] 王端旭，潘奇. 企业慈善捐赠带来价值回报吗——以利益相关者满足程度为调节变量的上市公司实证研究 [J]. 中国工业经济，2011 (7)：118-128.

[76] 王辉. 从经济人视角看慈善捐赠的动机 [J]. 当代经济研究，2011 (11)：48-52.

[77] 王琳芝. 从韦伯的社会行动理论看我国企业慈善捐赠行为 [J]. 理论与观察，2009 (2)：94-96.

[78] 王明琳. 上市家族企业委托代理问题研究 [D]. 杭州：浙江大学，2006.

[79] 王明琳，周生春. 控制性家族类型、双重三层委托代理问题与企业价值 [J]. 管理世界，2006 (8)：83-103.

[80] 王倩. 企业社会责任与企业财务绩效的关系研究——制度环境的调节效应 [D]. 杭州：浙江大学，2014.

[81] 汪秀琼. 制度环境对企业跨区域市场进入模式的影响机制研究 [D]. 广州：华南理工大学，2011.

[82] 王贤彬，徐现祥. 地方官员来源、去向、任期与经济增长——来自中国省

长省委书记的证据［J］．管理世界，2009（3）：16-26．

[83]　温忠麟，张雷，侯杰泰，等．中介效应检验程序及其应用［J］．心理学报，
　　　　2004（5）：614-620．

[84]　温忠麟，侯杰泰，张雷．调节效应与中介效应的比较和应用［J］．心理学
　　　　报，2005（2）：268-274．

[85]　温忠麟，叶宝娟．中介效应分析：方法和模型发展［J］．心理科学进展，
　　　　2014（5）：731-745．

[86]　吴丹．股权结构对上市公司社会责任履行情况的影响［D］．兰州：兰州商
　　　　学院，2013．

[87]　吴文锋，吴冲锋，刘晓薇．中国民营上市公司高管的政府背景与公司价值
　　　　［J］．经济研究，2008（7）：130-141．

[88]　肖翔，孙晓琳．企业社会责任对融资约束的影响［J］．统计研究，2013
　　　　（6）：106-107．

[89]　徐莉萍，辛宇，陈工孟．股权集中度和股权制衡及其对公司经营绩效的影
　　　　响［J］．经济研究，2016（1）：90-100．

[90]　徐莉萍，辛宇，祝继高．媒体关注与上市公司社会责任之履行——基于汶
　　　　川地震捐款的实证研究［J］．管理世界，2011（3）：135-143．

[91]　徐梅鑫．制度环境差异和母公司控制下的子公司自主行为研究［D］．广
　　　　州：华南理工大学，2012．

[92]　徐业坤，钱先航，李维安．政治不确定性、政治关联与民营企业投资——
　　　　来自市委书记更替的证据［J］．管理世界，2013（5）：116-129．

[93]　许永斌，惠男男．家族企业代际传承的情感价值动因分析［J］．会计研究，
　　　　2013（7）：77-81．

[94]　燕波，王然，张耀辉．公民意识、公司价值和企业捐赠行为研究［J］．南
　　　　方经济，2009（5）：3-13．

[95]　杨方方．发展现代慈善事业应该认识的几个基础性问题［J］．社会科学，
　　　　2004（3）：52-58．

[96]　杨团．慈善蓝皮书：中国慈善发展报告（2013）［J］．北京：社会科学文
　　　　献出版社，2013．

[97]　叶康涛，张然，徐浩萍．声誉、制度环境与债务融资——基于中国民营上
　　　　市公司的证据［J］．金融研究，2010（8）：171-183．

[98]　尹珏林．企业社会责任前置因素及其作用机制研究［D］．天津：南开大
　　　　学，2010．

[99]　余明桂，潘红波．政治关系，制度环境与民营企业银行贷款［J］．管理世
　　　　界，2008（8）：9-21．

[100] 余明桂，回雅甫，潘红波．政治联系，寻租与地方政府财政补贴有效性 [J]．经济研究，2010（3）：65-77.

[101] 翟淑萍，顾群．融资约束、代理成本与企业慈善捐赠——基于企业所有权 视角的分析 [J]．审计与经济研究，2014（3）：77-84.

[102] 张建君．竞争—承诺—服从：中国企业慈善捐款的动机 [J]．管理世界， 2013（9）：118-129.

[103] 张敏，马黎珺，张雯．企业慈善捐赠的政企纽带效应——基于我国上市公 司的经验证据 [J]．管理世界，2013（7）：163-171.

[104] 张彦明，张冰茹，王斌．股权结构与企业社会责任关系实证研究 [J]．财 会通讯，2012（11）：32-33.

[105] 张译．基于成长性视角下债务融资与企业价值实证研究——来自创业板上 市公司经验数据 [D]．济南：山东财经大学，2015.

[106] 中国民（私）营经济研究会家族企业委员会．中国家族企业社会责任报告 [M]．北京：中信出版社，2013.

[107] 中国社会科学院社会政策研究中心组织．中国慈善发展报告（2010— 2013）[M]．北京：社会科学文献出版社，2013.

[108] 钟宏武．企业慈善捐赠行为作用的综合解析 [J]．中国工业经济，2007 （2）：2-7.

[109] 朱沆，叶琴雪，李新春．社会情感财富理论及其在家族企业研究中的突破 [J]．外国经济与管理，2012（12）：56-62.

[110] ALLEN F，QIAN J，QIAN M. Law，finance and economic growth in China [J]. Journal of Financial Economics，2005，77（1）：57-116.

[111] ANDERSON R C，REEB D. Founding family ownership and firm performance：evidence from the S&P 500 [J]. Journal of Finance， 2003，58（3）：1301-1327.

[112] AUPPERLE K E，CARROLL A B，HATFIELD J D. An empirical examination of the relationship between corporate social responsibility and profitability [J]. Academy of Management Journal，1985，28 （2）：446-63.

[113] BERGSTROM F. Capital subsidies and the performance of firms [J]. Small Business Economics，2000，14（3）：183-193.

[114] BERRONE P，CRUZ C C，GOMEZ-MEJIA L R，et al. Socioemotional wealth and corporate response to institutional pressures：do family- controlled firms pollute less? [J]. Administrative Science Quarterly， 2010，55（1）：82-113.

[115] BERRONE P, CRUZ C C, GOMEZ-MEJIA L R. Socioemotional wealth in family firm: theoretical dimensions, assessment approaches and agenda for future reach [J]. Family Business Review, 2012, 25 (3): 258-279.

[116] BIANCO M, BONTEMPI M E, GOLINELLI R, et al. Family firms' investments, uncertainty and opacity [J]. Small Business Economics, 2013, 40 (4): 1035-1058.

[117] BOURGEOIS L J. On the measurement of organizational slack [J]. Academy of Management Review, 1981, 6 (1): 29-39.

[118] BRAMMER S. Firm size, organizational visibility and corporate philanthropy: an empirical analysis [J]. Business Ethics: A European Review, 2006, 15 (1): 6-18.

[119] BRAMMER S, MILLINGTON A. Corporate reputation and philanthropy: an empirical analysis [J]. Journal of Business Ethics, 2005, 61 (1): 29-44.

[120] BRIYS E, SCHLESINGER H. Risk aversion and the propensities for self-insurance and self-protection [J]. Southern Economic Journal, 1990, 57 (2): 458-467.

[121] CAMPBELL D. Corporate giving behaviors and decision-maker social consciousness [J]. Journal of Business Ethics, 1999, 19 (4): 375-383.

[122] CAMPBELL J L. Why would corporations behave in socially responsible ways? An institutional theory of corporate social responsibility [J]. Academy of Management Review, 2007, 32 (3): 946-967.

[123] CAMPOPIANO G, MASSIS A D, CHIRICO F. Firm philanthropy in small and medium-sized family firms: the effects of family involvement in ownership and management [J]. Family Business Review, 2014, 27 (3): 244-258.

[124] CARNEY M. Corporate governance and competitive advantage in family-controlled firms [J]. Entrepreneurship Theory and Practice, 2005, 29 (3): 249-265.

[125] CHENG B, IOANNOU I, SERAFEIM G. Corporate social responsibility and access to finance [J]. Strategic Management Journal, 2014, 35 (1): 1-23.

[126] CHOI J, WANG H. Stakeholder relations and the persistence of

corporate financial performance [J]. Strategic Management Journal, 2009, 30 (8): 895-907.

[127] CHRISMAN J J, CHUA J H, PEARSON A W, et al. Family involvement, family influence and family-centered not-economical goals in small firms [J]. Entrepreneurship Theory and Practice, 2012, 36 (2): 258-279.

[128] CHRISMAN J J, CHUA J H, SHARMA P. Trends and directions in the development of a strategic management theory of the family firm [J]. Entrepreneurship Theory and Practice, 2005, 29 (5): 555-575.

[129] CHUA J H, CHRISMAN J J, SHARMA P. Defining the Family Business by Behavior [J]. Entrepreneurship Theory and Practice, 1999, 23 (4): 19-39.

[130] DAVIS J H, SCHOORMAN F D, DONALSON L. Toward a stewardship theory of management [J]. Academy of Management Review, 1997, 22 (1): 20-47.

[131] DEEPHOUSE D L, JASKIEWICZ P. Do family have better reputations than non-family firms? An integration of socioemotional wealth and social identity theories [J]. Journal of Management Studies, 2013, 50 (3): 337-360.

[132] DONALDSON T, PRESTON L E. The stakeholder theory of the corporation: concepts, evidence, and implications [J]. Academy of Management Review, 1995, 95 (20): 65-91.

[133] DOU J S, ZHANG Z, SU E. Does family involvement make firms donate more? Empirical evidence from Chinese private firms [J]. Family Business Review, 2014, 27 (3): 259-274.

[134] DU J, LU Y, TAO Z. FDI location choice: agglomeration vs institutions [J]. International Journal of Finance & Economics, 2008, 13 (1): 92-107.

[135] DYER W G, WHETTEN D A. Family firms and social responsibility: preliminary evidence from the S&P 500 [J]. Entrepreneurship Theory and Practice, 2006, 30 (6): 785-802.

[136] EDWIN EPSTEIN M, VOTAW D. Rationality, legitimacy, responsibility: search for new directions in business and society [M]. Snata Monica, CA: Goodyear Publishing Co., 1978.

[137] FRIEDMAN M. The social responsibility of business is to increase its

profits ［J］. New York Times Magazine, 1970, 9 (13): 32-33.

［138］ FISMAN R. Association estimating the value of political connections ［J］.
The American Economic Review, 2001, 91 (4): 1095-1102.

［139］ GALASKIEWICZ J. An urban grants economy revisited: corporate
charitable contributions in the Twin Cities, 1979-1981, 1987-1989 ［J］.
Administrative Science Quarterly, 1997, 42 (3): 445-471.

［140］ GAO F, FAFF R, NAVISSI F. Corporate philanthropy: insights from
the 2008 Wenchuan Earthquake in China ［J］. Pacific-Basin Finance
Journal, 2012, 20 (3): 363-377.

［141］ GERSICK K E, LANSBERG I, DESJARDINS M. Stages and transitions:
managing change in the family business ［J］. Family Business Review,
1999, 12 (4): 287-297.

［142］ GIMENO J, FOLTA T B, COOPER A C, et al. Survival of the fittest?
Entrepreneurial human capital and the persistence of underperforming
firms ［J］. Administrative Science Quarterly, 1997, 42 (4): 750-783.

［143］ GODFREY P C. The relationship between corporate philanthropy and
shareholder wealth: a risk management perspective ［J］. Academy of
Management Review, 2005, 30 (4): 777-798.

［144］ GOMEZ-MEJIA L R, HAYNES K T, NUNEZ-NICKEL M, et al.
Socioemotional wealth and business risks in family - controlled firms:
evidence from Spanish olive oil mills ［J］. Administrative Science
Quarterly, 2007, 52 (1): 106-137.

［145］ GOMEZ-MEJIA L R, CRUZ C, BERRONE P, et al. The bind that ties:
socioemotional wealth preservation in family firms ［J］. Academy of
Management Annals, 2011, 5 (1): 653-707.

［146］ GOMEZ-MEJIA L R, MAKRI M, LARRAZA-KINTANA M.
Diversification decisions in family - controlled firms ［J］. Journal of
Management Studies, 2010, 47 (2): 223-252.

［147］ GOMEZ-MEJIA L R, NUNEZ-NICKEL M, GUTIERREZ I. The role of
family ties in agency contracts ［J］. Academy of Management Journal,
2001, 44 (1): 81-95.

［148］ GROSSMAN S J, HART O D. The costs and benefits of ownership: a
theory of vertical and lateral integration ［J］. The Journal of Political
Economy, 1986, 94 (4): 691-719.

［149］ HABBERSHON T G, PISTRUI J. Enterprising families domain: familyinfluenced ownership groups in pursuit of transgenerational wealth [J]. Family Business Review, 2002, 15 (3): 257-276.

[150] HABBERSHON T, WILLIAMS M L. A resource-based framework for assessing the strategic advantages of family firms [J]. Family Business Review, 1999, 12 (1): 1-12.

[151] O'HAGAN J, HARVEY D. Why do companies sponsor arts events? Some evidence and a proposed classification [J]. Journal of Cultural Economics, 2000, 24 (3): 265-279.

[152] HALEY U C V. Corporate contributions as managerial masques: reframing corporate contributions as strategies to influence society [J]. Journal of Management Studies, 1991, 28 (5): 485-510.

[153] HANDLER W C. Methodological issues and considerations in studying family businesses [J]. Family Business Review, 1989, 2 (3): 257-276.

[154] HOFFMAN A J. Institutional evolution and change: environmentalism and the US chemical industry [J]. Academy of Management Journal, 1999, 42 (4): 351-371.

[155] JENSEN M C, MECKLING W H. Theory of the firm: managerial behavior, agency costs, and ownership structure [J]. Journal of Financial Economics, 1976, 3 (4): 305-360.

[156] JONES B, OLKEN B. Do leader matter? National leadership and growth since World War II [J]. Quarterly Journal of Economics, 2005, 120 (3): 835-864.

[157] JULIO B, YOOK Y. Political uncertainty and corporate investment cycles [J]. Journal of Finance, 2012, 67 (1): 45-83.

[158] KELLERMANNS F W, EDDLESTON K A, ZELLWEGER T M. Extending the socioemotional wealth perspective: a look at the dark side [J]. Entrepreneurship Theory and Practice, 2012, 36 (9): 1175-1182.

[159] LA PORTA R, LOPEZ-DE-SILANES F, SHLEIFER A. Corporate ownership around the world [J]. Journal of Finance, 1999, 54 (2): 471-517.

[160] LE BRETON-MILLER I, MILLER D, STEIER L P. Toward an integrative model of effective FOB succession [J]. Entrepreneurship Theory and Practice, 2004, 28 (4): 305-328.

[161] LEE J W. Government interventions and productivity growth [J]. Journal of Economic Growth, 1996, 1 (3): 291-414.

[162] LIANG X, WANG L, CUI Z. Chinese private firms and internationalization: effects of family involvement in management and family ownership [J]. Family Business Review, 2014, 27 (2): 126-141.

[163] MESCON T S, TILSON D J. Corporate philanthropy: a strategic approach to the bottom line [J]. California Management Review, 1987, 29 (2): 49-61.

[164] MILLER D, MINICHILLI A, CORBETTA G. Is family leadership always beneficial? [J]. Strategic Management Journal, 2013, 34 (5): 553-571.

[165] MISHRA C S, MCCONAUGHY D C. Founding family control and capital structure: the risk of loss of control and the aversion to debt [J]. Entrepreneurship Theory and Practice, 1999, 23 (4): 53-65.

[166] MITCHELL R K , AGLE B R, WOOD D J. Toward a theory of stakeholder identification and salience: defining the principle of who and what really counts [J]. Academy of Management Review, 1997, 4 (22): 853-886.

[167] MORCK R, YEUNG B. Family Control and the Rent-Seeking Society [J]. Entrepreneurship Theory and Practice, 2004, 28 (4): 391-409.

[168] MUELLER S A. The opportunity cost of discipleship: ethical mutual funds and their returns [J]. Sociology of Religion, 1991, 52 (1): 111-123.

[169] NEIHEISEL S R. Corporate strategy and the politics of goodwill: a political analysis of corporate philanthropy in America [M]. Peter Lang Publishing Inc., New York, 1994.

[170] NORTH D C. Institutions, institutional change and economic performance [M]. Cambridge: Cambridge University Press, 1990.

[171] WILLIAMSON O E. The economic institutions of capitalism [M]. New York: The Free Press, 1985.

[172] POWELL W W, DIMAGGIO P J. The new institutionalism in organizational analysis [M]. Chicago: Chicago University Press, 1991.

[173] SCHULZE W S, LUBATKIN M H, DINO R N. Toward a theory of agency and altruism in family firms [J]. Journal of Business Venturing, 2003, 18 (4): 473-490.

[174] SEIFERT B. Comparing big givers and small givers: financials correlates

of corporate philanthropy [J]. Journal of Business Ethics, 2003, 45 (3): 195 -211.

[175] SHANKER M C, ASTRACHAN J H. Myths and realities: family business's contribution to the US economy: a framework for assessing family business statistics [J]. Family Business Review, 1996, 9 (2): 107-123.

[176] SHAPIRA R. Corporate philanthropy as signaling and co-optation [J]. Fordham Law Review, 2012, 80 (5): 1889-1939.

[177] SHARMA P, CHRISMAN J J. Determinants of initial satisfaction with the succession process in family firms: a conceptual model [J]. Entrepreneurship: Theory and Practice, 2001, 25 (3): 1-27.

[178] SHARMA P, CHRISMAN J J, CHUA J H. Succession planning as planned behavior: some empirical results [J]. Family Business Review, 2003, 12 (10): 1-16.

[179] SHLEIFER A, VISHNY R W. Politicians and firms [J]. Economics & Social Sciences, 1994, 109 (4): 995-1025.

[180] JOHNSON S, MITTON T. Cronyism and capital controls: evidence from Malaysia [J]. Journal of Financial Economics, 2003, 67 (2): 351-382.

[181] SWANSON D L. Addressing a theoretical problem by reorienting the corporate social performance model [J]. Academy of Management Review, 1995, 20 (1): 43-64.

[182] TAGIURI R, DAVIS J A. On the Goals of Successful Family Companies [J]. Family Business Review, 1992, 5 (1): 43-62.

[183] TIHANYI L, JOHNSON R A, HOSKISSON R E. Institutional ownership differences and international diversification: the effects of boards of directors and technological opportunity [J]. Academy of Management Journal, 2003, 46 (2): 195-211.

[184] WADDOCK S A, GRAVES S B. The corporate social performance [J]. Strategic Management Journal, 1997, 8 (4): 303-319.

[185] WADDOCK S A, GRAVES S B. Quality of management and quality of stakeholder relations: are they synonymous? [J]. Business & Society, 1997, 36 (3): 250-279.

[186] WANG H, CHOI J, LI J. Too little or too much? Untangling the relationship between corporate philanthropy and firm financial

performance [J]. Organization Science, 2008, 19 (1): 143-59.

[187] WANG Q, WONG T J, XIA L J. State ownership, the institutional environment, and auditor choice: evidence from China [J]. Journal of Accounting and Economics, 2008, 46 (1): 112-134.

[188] WANG J V, DEWHIRST H D. Board of directors and stakeholder orientation [J]. Journal of Business Ethics, 1992, 11 (2): 112-130.

[189] WANG H, QIAN C. Corporate philanthropy and corporate financial performance: the roles of stakeholder response and political access [J]. Academy of Management Journal, 2011, 54 (6): 1159-1181.

[190] WESTHEAD P, HOWORTH C. Types of private family firms: an exploratory conceptual and empirical analysis [J]. Entrepreneurship & Regional Development, 2007, 19 (5): 405-431.

[191] WIERSEMA M F, ZHANG Y. CEO dismissal: the role of investment analysts [J]. Strategic Management Journal, 2011, 32 (11): 1161-1182.

[192] WINDSOR D. Corporate social responsibility: a theory of the firm perspective: some comments [J]. Academy of Management Review, 2001, 26 (4): 502-504.

[193] WORMACK K L. Do brokerage analysts' recommendations have investment values [J]. Journal of Finance, 1996, 51 (1): 137-167.

[194] XU D, SHENKAR O. Institutional distance and the multinational enterprise [J]. Academy of Management Review, 2002, 4 (27): 608-618.

[195] YU F. Analyst coverage and earnings management [J]. Journal Financial Economics, 2008, 88 (2): 245-271.

[196] ZELLWEGER T M, NASON R S, NORDQVIST M. Why do family firms strive for nonfinancial goals? An organizational identity perspective [J]. Theory and Practice, 2013, 37 (2): 229-248.

[197] ZELLWEGER T M, KELLERMANNS F W. Family control and family firm valuation by family CEOs: the importance of intentions for transgenerational control [J]. Organization Science, 2012, 3 (23): 851-868.

索引

后记

　　读博路上经历了很多挫折和困难，现在回想一下，却是我一生中最珍贵的财富。在博士生涯中，我收获了很多：收获了一份和导师的师生情，收获了各位老师和学长传授的知识，收获了和同学的友谊，收获了正确对待人生的态度，收获了新的思维方式。

　　首先要感谢我的恩师范黎波教授。在我读博之初，范老师就告诉我应该如何面对博士生活。他在学业和生活上给予我很大的支持，尤其是在论文开题过程中，老师对论文的框架和构思提出了许多建议，在论文的后续写作中，不断地给予我帮助和支持。范老师对学术的执着、对工作和对生活的认真态度，都让我无比感动。导师对博士生的培养很重视，经常召集我们讨论，按照我们的研究兴趣进行引导，带领我们参加研究项目，这使我能够发挥自身优势，开拓视野，提升研究能力，解决自己的研究问题，也给我提供了接触社会的机会。在例会上，导师鼓励我积极参与讨论，他也乐意分享他的研究成果和见解，为我规划未来的研究发展方向。在我的博士求学过程中，导师宽容、乐观和积极向上的品质都在影响着我。在此，对范老师在我四年的学习过程中给予的指导和生活上的关心致以最衷心的感谢和最诚挚的敬意！

除了范老师在我读博期间给予我很多帮助和鼓励外，我的学业能顺利完成还得益于对外经济贸易大学吴剑锋老师、王永贵老师、马俊老师、戚依南老师的传道授业解惑，特别要感谢王永贵老师在管理研究方法的课上给我们传达的"享受和珍惜读博过程"的豁达理念。每当我懈怠烦躁时，王老师的教诲给了我前进的动力。在读博期间，对外经济贸易大学商学院各位老师的授课及对我的指导，让我进步很大，感谢他们的无私奉献。

其次感谢我的师兄杨金海、马聪聪，师姐张岚，以及同时进师门的周英超。他们在我读博期间给予我学习和生活上的关心和帮助，在论文的构思、文献的查阅及论文研究方法的运用等方面都给予了我莫大的帮助。在我困惑不解时，他们对我指点迷津；在我需要帮助时，他们伸出援助之手。四年的求学生涯，其间有太多波折，幸运的是我得到了他们的帮助，感激之情无以言表！另外，每次与舍友利华、张鹏、陈砺等博士交流讨论，都不断迸发出思维的火花，打开我的眼界，拓宽我的视野，对我的研究继续进行帮助很大，在此也表示感谢。

感谢石河子大学经济与管理学院的杨兴全院长、王生年副院长等领导对我的关心和支持。在我读博期间，我的同事石冠峰老师、买生老师、汤莉老师、刘追老师、马晓苗老师和王东红老师给予我真诚的帮助，在我迷茫彷徨时开导我、安慰我，令我感激不尽。

特别感谢王娜博士对我的帮助和支持，因为有她，我的博士生活丰富多彩。她对学术的热情让我感动。每当我无法理解文献的主旨时，她都不厌其烦地帮我梳理论文内容，让我看到希望；每当我的论文需要修改时，她都会放下手头的工作指导我；每当我遇到论文的构思瓶颈时，她都会和我讨论交流，为我拨开迷雾。

最后深深感谢我的父母。谢谢他们养育了我，让我接受良好的教育，他们默默地无条件支持我的任何选择。还要感谢他们培养了我坚强和忍耐的性格。他们为了让我安心学习，承担起照顾我孩子的重任，感谢他们对我的关爱和付出。是父母对我无私的奉献和支持，让我有勇气继续学习深造。感谢我的先生师民。谢谢他独自承担家庭的重担。当我烦躁不安时，他总是安慰和鼓励我；当我痛苦无助时，他总是小心呵护我，默默地为我做好一切。感谢他对我的包容和体贴，让我可以专心读博。还要感谢我的女儿欣欣，她懂事乖巧，给予我莫大的鼓励和动力。在我懈怠时，就会想起女儿鼓励我的话："妈妈要做好一点，老师就不会批评你了。"这话虽然很稚嫩，但出自一个七岁孩子之口，每每让我感动，同时给我无形的力量继续奋斗。感谢女儿理解我，支持我，并陪我一起长大和成熟。

我的博士求学生涯虽然结束了，但人生新的征途已经开启。我会继续努力工作和钻研学术，用学到的知识回报我的原工作单位——石河子大学。

刘云芬

2017 年 9 月